HIGH OUTPUT MANAGEMENT

格鲁夫给经理人的第一课

英特尔创始人自述

（敏捷企业系列）

［美］安迪·格鲁夫（Andrew S. Grove）◎著
巫宗融◎译

中信出版集团｜北京

图书在版编目（CIP）数据

格鲁夫给经理人的第一课：畅销版 /（美）安迪·格鲁夫著；巫宗融译 . -- 4 版 . -- 北京：中信出版社，2017.8（2025.12重印）
（敏捷企业系列）
书名原文：High Output Management
ISBN 978-7-5086-7809-2

Ⅰ . ①格… Ⅱ . ①安… ②巫… Ⅲ . ①企业管理－经验 Ⅳ . ① F272

中国版本图书馆 CIP 数据核字（2017）第 148500 号

格鲁夫给经理人的第一课（畅销版）
（敏捷企业系列）
著者：［美］安迪·格鲁夫
译者：巫宗融
出版发行：中信出版集团股份有限公司
（北京市朝阳区东三环北路 27 号嘉铭中心 邮编 100020）
承印者：北京通州皇家印刷厂

开本：880mm×1230mm 1/32 印张：9.25 字数：145 千字
版次：2017 年 8 月第 4 版 印次：2025 年12月第 44 次印刷
京权图字：01–2010–7812 书号：ISBN 978–7–5086–7809–2
定价：69.00 元

服务热线：400–600–8099
投稿邮箱：author@citicpub.com

目录

High
Output Management

序

重温《格鲁夫给经理人的第一课》// III

导读

格鲁夫教你高产出管理 // XIII

前言

从 20 世纪 80 年代的巨变谈起 // XIX

第一篇

早餐店的生产线

第 1 章 “生产”包含什么？ // 3

第 2 章 从早餐店的库存谈起 // 17

第二篇

打好团体战

第 3 章 管理杠杆率 // 41

第 4 章 管理的必经之路：开会 // 77

第 5 章　不挥舞权杖的决策　// 97
第 6 章　规划是为了明天　// 113

第三篇
推动组织的巧手

第 7 章　当早餐店开始繁衍　// 129
第 8 章　混合型组织　// 135
第 9 章　双重报告　// 145
第 10 章　每个人都听命于三个“长官”　// 159

第四篇
谋事在人

第 11 章　激励下属参加比赛　// 173
第 12 章　工作成熟度　// 191
第 13 章　再难也得做：绩效评估　// 203
第 14 章　招人与留人　// 229
第 15 章　报酬的诱惑　// 241
第 16 章　别等火烧眉毛才培训　// 251

期末考
最后的叮咛　// 261

序

High
Output Management

重温《格鲁夫给经理人的第一课》

本·霍洛维茨（硅谷著名风险投资家，《创业维艰》作者）

1995年，我第一次读《格鲁夫给经理人的第一课》。在那个年代，可没有什么博客或者TED（技术娱乐设计）演讲来告诉我们什么叫企业家精神。事实上，对像我一样有志于创建和经营自己公司的年轻人来说，当年市场上这类书几乎是一片空白。

在这种背景下，《格鲁夫给经理人的第一课》一书的地位近乎传奇。所有最优秀的经理人都知道这本书。顶尖的投资者们会买来这本书送给创业者，硅谷满怀抱负的领导者们如饥似渴地阅读这本书。所有人都满怀惊喜：英特尔的CEO（首席执行官）竟然会抽出时间来教我们创业的基本技能——如何管理。

这并不寻常，因为英特尔公司是科技领域最优秀的企业。它实现了有史以来企业最伟大的变革：创建十年后，公司业务从内存转为微处理器。不仅如此，英特尔传奇性的精准精神，使其能够以高度的自信进行数十亿美元的投资。如果人们想雇用一位优秀的运营经理人，去英特尔公司找吧——但想说服谁离开硅谷管理最好的公司，可不是件容易事。

安迪·格鲁夫本人也是一个传奇。他是在匈牙利长大的犹太人，他的祖国先被纳粹德国侵占，后被苏联占领。他移民到纽约的时候，完全不会英语，并且一贫如洗。他进入纽约城市学院学习，成功攻克语言关，并最终取得了加州大学伯克利分校的博士学位。母语非英语的他在仙童半导体公司工作时，用英语撰写了一本重要的半导体教科书。因此，在1968年参与创建划时代的科技公司英特尔之前，安迪就已被誉为科技先驱。1997年，《时代》周刊肯定了他堪称不可能实现的成就，并将他评为当年的年度人物。

这就是《格鲁夫给经理人的第一课》一书如此非凡的原因之一。安迪·格鲁夫，从一介草根到英特尔的领头人，竟然放下繁务，教授我们他的成功奥秘，并且完全没让人代笔——安迪亲自撰写此书。这是多么让人难以置信的礼物啊！

当我拿到此书时，封面让我有些吃惊。在1995年版的封面上，安迪·格鲁夫站在英特尔标志前。不同于任何我之前看到的CEO照片，安迪并未穿着高级西装，他的头发也并非一丝不乱，他也没有摆出双手交叉在胸前的强者姿势。相反，安迪·格鲁夫穿着平常上班的衣服，他的工牌还挂在皮带上。我反复观察那个封面："那是他的工牌吗？他拍封面照片竟然连工牌都没摘下来？"

现在看来，那个封面如此完美。这就是安迪·格鲁夫的踏实本色。他没工夫拍光鲜的照片来自我宣传。他为我们写下这本书，如果我们以他在封面上的照片好坏作为是否买书的理由，那将是我们的损失。他没有把时间放在如何拍照上，而是放在写作这本书上。他不仅仅是在讲课，他还把这些经验知识在逻辑和情感上进行连接，并表达出来。我们可以从内心深处理解并体会他想表达的深刻含义。

第一章的开篇就让我感受到了这种风格的冲击："'生产'包含什么？"好吧，我很感兴趣。煮鸡蛋和建多少监狱会有怎样的联系？事实证明，联系颇为紧密。《格鲁夫给经理人的第一课》开篇即教导我们合适的系统设计的重要性，尤其是当我们处理人类这个系统的时候。

安迪还告诉我们如何用同样的原则理解社会该如何运行。无论我们怎样大声疾呼要让更多的孩子有机会上大学而不是误入歧途，无论我们怎样呼吁建造更多的学校而不是监狱，都无法取得真正的成果。事实上，反而适得其反。认识到复杂系统中存在的问题是一回事，如何解决这些问题则完全是另一回事。安迪为我们提供了解决的工具。

多年来，我已经将《格鲁夫给经理人的第一课》视为真正的经典，有至少三个核心方面可以论证其智慧之处。首先，用一句最简短的话来说，它深入浅出清晰地阐述了相关概念。其次，它坚持在旧的标准中发掘全新的管理理念或找寻全新的视角。最后，大部分管理书都在尝试教授基本的技能，《格鲁夫给经理人的第一课》却在教导读者如何成就卓越。

安迪用如下经典公式阐述了管理这一概念：

经理人的产出 = 他直接管辖部门的产出
+ 他间接影响所及部门的产出

这一公式表面看来很简单，但他点出了经理人和独立贡献者之间的本质区别。经理人的技能和知识只有从其管辖团队中获得更多的杠杆作用时，才是有价值的。所以，经理人，你是全公司最了解产品的病毒营销（viral loop）模式的人，对吗？但如果你不会有效地将这一知识点传达给企业其他团队，这将毫无价值。这就是经理人存在的意义。经理人不需要多聪明，多熟悉业务，最重要的是知道如何把知识转化为团队绩效和产出。

而获取这种杠杆作用的方法，正如安迪写道的："如果一个人工作上毫无作为，只有两个原因：他要么不会做，要么不想做；不是没能力，就是没动力。"这样的角度会让经理人高效地集中自己的精力。想要提高员工的产出，所需要的只是激励和培训。别无他法。

当描述到计划过程时，安迪用如下睿智之语总结了自己的要点："我已经看过太多例子，很多人意识到今日的差距，并竭力找寻缩短差距的决策。但是今日的差距代表了过去某个时间点上计划的失败。"希望这一简洁有力的洞察不要被年轻读者所忽视。如果你想理解开发产品的一个要素，则必须记住这一点，在过程初期所付出的努力将会收到十倍的回报，而过程末期所付出的努力则会收到十倍的负回报。

本书用了一整章的篇幅，描述了一个常被忽略却至关重要的管理工具：会议。安迪引领我们以全新的视角来看待这一古老的商业原则。他教导我们如何将开会视为首要原则，如何从展开一对一谈话开始。英特尔的 CEO 竟然会花时间来解释如何进行一对一谈话，真有些不可思议。

他为什么要这么做？事实证明，在经理—员工关系中，一对一谈话不仅是一个基本要素，或许更是一个经理人可以获取关于企业知识的最佳来源，不进行一对一谈话的经理人对企业动态的了解将非常有限。

安迪总能从简单的表象深入事物本质。比如，人们在参观当今的科技公司时，往往会惊叹于其悠闲轻松的环境，但很少有人会认识到为何如此。实际情况是，许多 CEO 只是随大溜，而不会探究真正的原因，但安迪对此做出了完美的解释：

> 曾经有一位对我们管理风格感到困惑的记者问我："格鲁夫先生，贵公司强调平等主义的直观表达，比如上班可以穿休闲服，工作环境只有隔间而没有办公室等等，这些不会显得有些矫揉造作吗？"我对此回应道，这并非矫揉造作，而是生存之道。在我们的领域里，每天都必须将知识型人才和管理型人才混合起来，他们协作产生的决策将会影响我们未来数年的前途。

就是用这种方式，本书得以迅速抓住复杂问题的本质。它提出并解决最棘手的管理问题。关于是否和下属做朋友的问题，安迪是这样回答的：

> 关于这个问题，每个人都必须自我评判是否足够专业和恰当。也许可以做如下测验：想象一下你要给一个朋友做出严苛的绩效点评，你会不会觉得有些尴尬？如果答案是肯定的，则不要在工作场合交朋友。如果你坦然自得，你应该就是那种私人关系会加强工作关系的人。

通过分解过程，他让难事变得可控。

最后，《格鲁夫给经理人的第一课》一书的力量在于，它培养的不仅仅是胜任型经理人，更是精英型经理人。

“工作成熟度”这一章就是一个非常好的例子。这部分对我个人来说格外有意义，因为它教会了我如何在面试中提出最有用的管理问题：“作为经理人，亲力亲为和放权哪个更好？”

这似乎是个很简单的问题，但足以筛选出最优秀的前5%的经理人，而淘汰那些从未深入思索自我能力的95%的人。如安迪所言，该问题的答案是看情况，尤其要视员工情况而定。如果员工对任务的熟练度不高，经理人手把手培训就非常重要。如果员工足够成熟，那么适当放权则更为恰当。这一点安迪提供了一个非常好的例子：“下属的工作表现不佳，我的同事的反应是：‘就得让他犯错，这样才能学到东西！’”这种做法的问题在于该下属的学费变成由客户来承担。这是绝对错误的。

也许最能反映安迪·格鲁夫管理特点的是最后一章——“别等火烧眉毛才培训”。在所谓的知识经济中，管理者通常认为，他们手下的员工足够聪明，完全不需要培训。安迪对此做出睿智的解释来修正这种观点，他举了一个例子，当我们作为顾客在饭店里遇到缺乏培训，甚至连最基本的任务比如点菜都做不好的员工时，会感到非常诧异。从而他鼓励我们想象一下在复杂的工作中，如果遭遇未受正确培训的员工，客户将何等愤怒。最后，他再次重申自己的观点，即经理人只能从两个方面影响员工的产出：激励和培训。如果连培训也做不好，那作为经理人基本就算渎职了一半。

在整个这一章中，读者感受到安迪对于培训和教导的强有力的情感，因为归根到底——远胜于其他——他是一名导师……他为这个词做出了最好的诠释。

读完《格鲁夫给经理人的第一课》数年后，我第一次见到了安迪。刚一见面，我非常激动，立刻表达了我对这本书的热爱。他用经典的安迪·格鲁夫风格问我："为什么？"我没有想到他会这么问，我以为他会说"谢谢"或"很感动"之类的话，而不是"为什么"，但这就是安迪。他总是在教导他人，总是希望从每个学生身上发掘更多东西。

在完全没有准备的情况下，混乱中我思索原因，给出了一个很好的回答："我读过的其他管理书都只专注细枝末节，您的书探讨的是真正的问题。"听到此话，大师表情放松了，和我分享了一则无价的故事：

> 你对管理类图书的说法很有意思。最近我的书架上满得没有位置了，所以我面前有两个选择：扔书或换个大房子。很容易选，但扔哪些书好呢？然后我想到，就扔那些管理书吧！但是有个困难：几乎每一本管理书都是作者本人送给我并亲笔题字签名的，如果把这些题字都扔掉会让我很难过。所以我把每一本书都翻开，把题

字页撕下来，然后把书都扔掉。现在，我有一堆很漂亮的题词页，并且也给好书腾出了空间。

我从未遇到过什么人像安迪·格鲁夫一样有这样一个故事。他在为清晰思考定义最高标准和坚持相信有潜力者之间，建立了一种独一无二的平衡。谁还会像他一样，给作者立下这么高的标准？你必须足够优秀，才能将作品挤进他的书架，而你又会感动于希望他能读一下你的作品，哪怕只留下你的题字页。

2001 年，我又一次见到安迪，我问了他关于当时一批 CEO 告诉投资人企业依然坚挺但实际上业务不断下滑的事。一年前，第一拨互联网公司的泡沫已经破灭，我很诧异为什么那么多企业领导者都没有预见到。安迪的回答出乎我的意料："CEO 们总是在好消息出现先行指标或者坏消息出现滞后指标时行动。"

"为何如此？" 我问他。他以贯穿全书的一贯风格回答道："想要成就卓越，你必须是一个乐观主义者，因为卓越的定义就是，你在尝试做一件大多数人都不认为会成功的事。而绝大部分乐观主义者都不会关注坏消息的先行指标。"

但这一洞察不会出现在任何一本书中。当我建议他写下这一观点时，他的回答是："我为什么要这么做？写下如何不遵循人性本质是多么浪费时间的事情，这就好比你试图否定彼得原理[①]一样。CEO 们必须是乐观主义者，这是好事。”这就是安迪·格鲁夫。他具有令人惊艳的洞察力，能看穿每个人的每项弱点，尽管如此，他还是比任何人都坚信人的潜能。也许这就是为什么他愿意花如此多的时间来教导我们成为更好的人。

多年来从安迪·格鲁夫身上不断学习，这是我的荣幸。《格鲁夫给经理人的第一课》的新读者能加入与我一起分享这份经验，我亦对此激动不已。我深深知道，你会热爱这本非凡之作、这本我所知道的最优秀的导师写的书。

---

① 彼得原理（Peter principle）是管理理论中的一个概念，指的是对于某个职位候选人的选择是基于其当前职务的表现，而不是目标职务的相关能力。因此，“经理人会被提升到无法胜任的职位”。

导读

High
Output Management

格鲁夫教你高产出管理

李仁芳

大部分顶尖商学院的课程设计都是用来培训高层经理人的。但是对身负承上启下职责、成为组织的中流砥柱的中层经理人而言，却很少能看到像《格鲁夫给经理人的第一课》这样的经典著作。这是一本能带给中层经理人无穷教益的实例教案，是一本处处闪烁着格鲁夫实战管理智慧与洞见的实战手册。

英特尔虽是 DRAM（动态随机存储内存）半导体领先开发的始祖，但后来不敌日本的东芝、NEC（日本电气股份有限公司）等后起之秀的进攻，因此格鲁夫曾在 1984 年召开记者会，挥泪宣布英特尔退出 DRAM 业务竞争。产业史家称此役为第二次世界大战后的美日太平洋工业大战，日本大胜的第二役。[第一役是以电视机为母舰的消费性电子产业联合舰队大对决，美国以 RCA（美国无线电公司）为首的联合舰队全军覆没，以致北美无任何消费性电子大品牌幸存。]

正因为 20 世纪 80 年代经历过如此惨烈、如此惊心动魄的太平洋工业大战，英特尔此后在产品技术的研发创新上才不遗余力，以多系列多层次的创新特遣队推出一个又一个的“X86 CPU”（指 X86 架构的计算机中央处理器）核心产品系列，配合绵密强韧的产品创新开发能力，以绝不留情的强悍的多系列产品攻击，用“产品海”战术淹没整个战场平原，占领每一个市场空隙，瓦解敌人的战斗意志，使敌人几乎没有喘息的空间。

除了竭力创新、开发了多系列产品，20 世纪 80 年代以后，英特尔对管理与组织流程的变革也不敢掉以轻心。德鲁克曾经说：“管理可以学习，但很难教导。”意思是经理人的自我启发是非常重要的。“管理”不像“营销”“财务”等具体性工作，其本身的原则与观念相当抽象。

但格鲁夫本身有着深厚的经营管理实战经验，又是从基层工程师做起，所以他不但“用脑思考”，还实事求是，懂得“用手思考”。在本书中讨论“会议技巧”“激励”“培训之道”“招人与留人”等攸关中层经理人事业绩效表现的实战技巧时，格鲁夫成竹在胸，娓娓道来，而且是具体（案例）的分析与抽象（概念）的分析交错并行。

本书的论述行文，“理中有事，事中有理；即事言理，理必在事”。格鲁夫在斯坦福大学与罗伯特·伯格曼（Robert Burgelman）教授合开战略管理课程，本身是地地道道的一流名校大牌教授。夫子论道，自然是有板有眼，但更值得读者珍视的，是从他数十年在英特尔这种世界一流公司的管理实战经验中所淬炼出来的管理智慧，不时在字里行间闪烁。

像他所提出的“混合型组织”与“双重报告”体制，都不是一般缺乏组织实践工作经验的人讲得出来的观点，而是一位睿智的工程技术人才与科技博士20年组织管理经验的心得。

而提到高科技事业在“科技人才”管理方面的棘手问题，格鲁夫的见解与做法，事实上已被台湾的半导体元件制造双雄——台积电与联电完全接纳学习。他说：“这群科技人才可以解决他们的上司无法协助解决的问题，技术方面的管理并不一定要设一位‘科技总经理’，通过‘同级群体’的合作也可以有同样的效果。这群制造经理在双重报告的架构中，便需要向其‘个别的事业群总经理’以及以同级员工为主组成的‘科技制造委员会’报告。”（请见本书第9章“双重报告”。）

明眼的读者到此自然会恍然大悟。原来台积电、联电在组织体制上跨越各厂间的“黄光”“扩散”“炉管”“侵蚀”等各技术委员会就是这么来的。

“侵蚀”技术委员会中各厂的侵蚀工艺专家定时聚会，“讨论一些最近发生的技术问题，并发现这些问题其实有很多相似之处”。相关侵蚀工艺的创新性配方就在此技术委员会讨论验证，并上传到公司的“工程技术知识管理系统”。今天管理界流行的“知识管理”，格鲁夫早在1983年本书出版前就在英特尔大力推动了！

总之，格鲁夫这本书里的论述，领先潮流，管理理念极为前瞻。他的许多做法也极符合后来发展的管理理论。如他在本书第5章“不挥舞权杖的决策”里宣称的：“我们希望决策是由离问题最近，而且最了解问题的人来制定的。”这完全是后来“管理双权理论——知识权与管理权合一”的实务先声。

而在本书的最新版中，格鲁夫也为“后e-mail”时代的组织管理实务提供了敏锐精准的洞见。他说，“后e-mail”时代将更是一个“时间竞争”的时代，竞争的频率与步调将“化天为秒”“化繁为简”。他又说，日本企业在20世纪80年代势如破竹、锐不可当，其快速应变能力与其办公室的“配置”——经理、下属围大方桌而坐，不费力气就可加快信息传递的速度有关。但是今天，美国企业却靠着更普及的电子邮件，在信息传输与组织沟通协调方面战胜了日本的大方桌！

格鲁夫在本书一开篇就提出一项提纲挈领并发人深省的管理者首要重点，那就是“管理活动组合与管理杠杆率”。

特别是对中层经理人而言，承上启下，事情永远做不完。经理人永远有忙不完的事——永远有更多事情要做，永远有更多事情应该做，也永远是超负荷运转。也因为这项工作的特性，中层经理人必须有同时处理数个管理活动的能力。另外，他还得知道何时该转移注意力，把精力用在最能促进整个组织产出的活动上。

格鲁夫启发中层经理人，“一个经理人的产出，就等于他直接管辖和间接影响力所及的组织产出加总：

经理人的产出＝组织产出加总 $=a\times A+b\times B+c\times C+\cdots\cdots$”（a、b、c……代表管理杠杆率，A、B、C……代表各种管理活动。）

有了这样清晰的概念，中层经理人就得以凭此提升本身的生产力（每单位时间的产出），而具体的方法就是：

• 加速每一项管理活动执行的速度。

• 提升每一项管理活动的杠杆率。

• 调整管理活动组合，剔除低杠杆率活动，代之以高杠杆率的活动！

今天，处在人生中场的中年中层管理人员，失业的可能性大约是十年前的两倍。我观察身边的高层管理人员工商管理硕士朋友们的职场动态，状况还可能越来越糟。其实我们不是任何“老板”的员工，我们每个人都是自己职业生涯的员工。没人欠我们一个饭碗，我们必须自己当家。认清只有我们自己（不是我们的“老板”）才是自己的主人。为打赢越来越激烈的“保职战”，我们得好好提升自己的“产能”，增加自己的附加价值与生产力，不能有丝毫懈怠。一天 24 小时我们都应该竭尽全力追求进步。

追求进步的方法众多，但是最重要的一个就是本书告诉我们的：好好管理你的活动组合与杠杆率！

前言

High
Output Management

从 20 世纪 80 年代的巨变谈起

安迪·格鲁夫

本书是我在管理工作上 20 年心血的结晶，通过这些年的工作与总结，我学会了更有效率地处理事情。

全球化浪潮

我学习到的多属于中层经理人的管理招数。虽然一晃多年过去了，但我发现这些招数历久弥新，大部分并没有因时间的变迁而降低重要性。

20 世纪 80 年代发生的两件事，改变了企业经理人的工作方式，也令我想为本书写一篇新的前言。这两件事就是日本在计算机内存产业上的崛起与电子邮件开始盛行。

让我在此先解释一下：20世纪80年代中期，制造DRAM的日本厂商，在技术上已足以超越当初创造此项产品的美国制造商，而美国公司在这块市场上当时已独领风骚达15年之久。

20世纪80年代中期也正逢个人计算机兴起。由于个人计算机里需要使用大量的内存，日本的DRAM厂商遂趁机大举入侵美国市场。英特尔也在这场商战中受到波及。

事实上，英特尔是制造DRAM的始祖之一，甚至曾经是市场上的领导者。但面对美国同业和日本厂商越来越强的竞争，我们的市场占有率逐渐下滑。由于日本产品物美价廉，我们只好削价竞争，结果便导致这个产品开始亏损。最后英特尔决定壮士断腕，放弃了这个立业的产品另起炉灶，转战微处理器市场。

虽然这样的调整理论上看来既迫切又合逻辑，但是在调整过程中，我们必须重新部署员工，辞掉一些人，并关掉为数不少的工厂。

那时我们很清楚，在这么剧烈的冲击下，唯有自立自强方能救亡图存。在日益艰难的环境中，就算你“成为市场里的老二”也还不够。

最后，包括英特尔在内的整个美国半导体产业顶住了日本厂商的入侵。英特尔成为世界上最大的半导体制造商，而美国的半导体产值也超过了日本。现在回头看这段历史，其实不过就是全球化大潮来袭前的一个先头浪。

全球化简言之就是“商业无国界”。资本和工作可以在世界各地到处转移，而你随时随地都可以做生意。美国至今仍是世界上最大的市场之一，大部分需求都可由本土产业供给，但许多市场正以超过美国市场的速度飞速成长，且美国本土市场的需求亦可由其他各国供给。

我曾买了一件巴塔哥尼亚（Patagonia）牌的Gore-Tex（一种特殊的防水但透气的布料）夹克，然后我发现它是在中国大陆制造的——虽然它是不折不扣的美国品牌、美国技术，但制造却是遵照经销商的要求在国外完成的。

这种现象带来的结果是，整个世界将被视为一个单一市场，每个人都必须与世界上其他具有同样能力的人竞争，而不再局限于与一家公司或本土厂商竞争。因此，竞争者将不计其数，且绝大部分“来者不善”。

全球化还有另外一个影响：随着产品和服务的品质差别越来越小，“时间”成为唯一的竞争优势，因此带动了20世纪80年代的另一个重要工具——电子邮件的发展。

就像日本的DRAM入侵如大浪前的先头浪，预示了全球化的到来，电子邮件也对信息流通及新式管理的革命敲响了第一声战鼓。

电子邮件的灵活使用带来了一项极为基本但又重要的暗

示。它“化天为秒”“化繁为简”，原先需要较长的时间方能传递的信息，现在不仅传送时间大幅缩减，而且一封邮件可同时发给许多人。因此，如果你的公司使用电子邮件，许多人将得以更快速地与你做生意。

这里我忍不住要讲一件有点讽刺意味的事。当日本企业在 20 世纪 80 年代势如破竹、锐不可当时，有一些人认为日本的快速应变能力与其办公室“配置”有关。因为在日本公司里，经理和他的下属通常是围着一张大大的方形桌子而坐。平时每个人埋首于自己的工作，各司其职，但如有需要，他们可以随时互通信息，如此便不费气力地加快了信息传递的速度。但也正因如此，日本在电子邮件的使用上明显地慢了一步。

这大概可以说是风水轮流转。随着现今企业的触角越伸越广，时间变成了制胜关键，而美国企业反而更能应对局势。道理何在？只因为美国的电子邮件战胜了日本的大方桌！

电子邮件还只是第一波。紧接着，声光、影视、书籍，甚至理财服务都将数字化，信息传送的速度将是“一秒千里”。

这些都只是 20 世纪末至21 世纪初大趋势的开端而已。信息革命的狂澜席卷而来，我们这群经理人以及身处其中的企业该如何应对？这才是问题的核心。

顺应新环境

我特别希望这本书能够获得中层经理人的青睐。相较于第一线的主管或是位高权重的高层领导者，中层经理人最容易被忽视。

一方面，很多课程传授给一线管理者不少妙方；另一方面，大部分顶尖商学院的课程都是为培训高层经理人设计的。而这两者之间还有一大群人，他们便是中层经理人。

他们之中有的是工头、领班的上司，有的是工程师、会计师或业务代表。不论组织多么扁平或松散，中层经理人都是组织的骨干，然而，他们对整个社会以及经济的贡献往往被忽视。

中层经理人不只存在于大型企业。事实上，几乎各种类型的企业都设置了中层经理人。如果你管理一家律师事务所的税务部门，你便是中层经理人，以此可类推至学校校长、经销厂商或是小镇的保险办事处负责人。这些人对本书第一版的反响印证了我当初的推论，因为英特尔是从非常小型的企业开始成长为跨国大企业的，因而这之中的管理技巧可被各界广泛运用。

另外有一群人也应该被包括在中层经理人的范围内，这群人不直接管理别人，却对别人的工作产生影响。我称这群人为“技术支持经理人”（know-how manager）。这些人了解工作上所需的知识、技能以及周围的人。他们是组织中的专家且经常扮演顾问的角色，事实上，他们亦是信息网络中的节点。老师、市场研究人员以及公司中的信息管理人员都可归为此类。他们虽不运用传统经理人的管理权威，但他们掌握的技术和知识，同样对别人的工作产生着影响，因此我亦称他们为中层经理人。实际上，技术支持经理人的重要性，将随着这个世界朝着信息化和服务业的迅速发展而加强。总之，这群人也应该读这本书。

不管你是技术支持经理人还是传统经理人，你身处的企业都已经别无选择地卷入了全球化及信息革命的洪流。今天，你的公司只有两条路可走：一是调整自己的脚步，二是坐以待毙。

我们已目睹某些企业走向衰亡，而某些企业正挣扎着转型，并发现它们当初的制胜武器已经不合时代所需。某些公司以前从来不解雇员工，但今天一纸令下就能让成千上万的人顿失收入。这种不幸的景象即源自转型的阵痛。

现在，所有经理人都该想办法让自己适应新环境。新环境的规则是：第一，事情的发生速度越来越快；第二，事情总有人能做——如果你不干，我们就另请高明。话说得明白一点便是：这些改变将会催生一个竞争激烈且难以预期的工作环境。

一个身处当前险境的经理人，必须培养出对“失序”更高的容忍力，但这并不表示你就得向“失序”举白旗；相反，你应该想办法控制周围的一切。在本书中，我将把早餐店里的厨房比喻成生产线，与大家分享一些管理心得，这些心得从本书第一次付梓至今仍然管用。并且我要特别强调：今天的经理人不管身在何方，都必须将自己武装起来，以应对层出不穷的企业兼并，或者是突然面世的新科技。

你需要完成不可能的任务，并预测未知的未来。而当非预期的状况发生时，便是你要加倍努力去调整它们的时候。有句我奉为圭臬的话在本书开头先送给你：“让混沌丛生，然后掌控混沌。”

另外，我也知道你在读本书时一定会犯嘀咕：“你这一套只对英特尔管用吧！你又没在我们公司待过，我们公司的问题只有老板自己才能解决。”但我相信，本书中大部分的招数你都能派上用场。不管你是哪一类中层经理人，事实上你都是一个组织的领导者。不要老是等你的顶头上司发出指令。身为一个小组织的领导者，你应该设法提高这个组织的业绩和产能。

认识你的组织

本书涵盖三个基本的概念。第一个是“产出导向管理”（output-oriented approach to management），我会列出一些准则并应用在有形的制造流程和无形的管理工作上。

以英特尔为例，英特尔是一家制造高科技芯片以及计算机周边产品的公司。我们有两万多名员工，其中约有 25% 是在生产线上工作，另有 25% 是主管、维修人员及工程师，还有 25% 是负责管理诸如安排生产时间、人事和进出款项的，最后 25% 才是负责产品研发、营销、销售和售后服务的。

我在英特尔即发现，无论这些员工身在哪个部门，他们都有各自不同的“产出”。有些人制造芯片，有些人准备催收账单，有些人设计软件或广告文案。我在英特尔便是将这个“产出”的概念谨记在心，使整个公司管理更上轨道的人。这些概念其实和我们评估及管理各种投资的财务观念很接近。

第二个概念是“团队意识”。不论政府还是公司企业，大部分的人类活动都是靠团队才能成功。我从这个概念出发得出了本书中我自认为最重要的一点：“一个经理人的产出，便是他所管理和影响所及的下属工作的成效总和。”经理人该如何提高下属的工作效率？换句话说，每天的工作堆积如山，而时间又有限，到底有哪些特别的事得先解决呢？为解决这个问题，我提出了“管理杠杆率”（managerial leverage）这个概念，它是用来衡量各种管理活动对提高团队产能的作用的指标。高杠杆率的管理活动才能带来高产能。

团队中的每一个体都各尽所能，这个团队才会有最高的产能。这是本书中的第三个主要概念。我相信企业应该能像训练运动员一般，随时激励员工力求最佳表现。在书中我也将以运动竞赛为例，讨论如何以“回馈”来维持企业团队的高产能。

我们必须认清“无法预测未来”这个事实，但这并不等于“我们应该就此放弃计划”。首先，我们应该像消防队训练消防员一样训练员工。因为消防队永远不知道下一场火灾发生在何时何地，所以他们时刻保持警惕，随时整装待发。

其次，公司应该减少管理层级以加强应变能力。随着电子邮件的盛行，信息互动变得更便利，管理者过去需传递信息的任务将由计算机来承担。减少管理层级的结果是，每一个经理人必须管理更多的人。在英特尔的管理哲学中，主管和下属间的例行性一对一会议是基本功课之一。它的主要目的在于彼此传授技能及交流信息。通过对特定问题或状况的讨论，主管传授下属所需的技能并教他们如何切入。与此同时，下属也提供主管所需的信息，让主管了解他们如何开展手头的工作。

因为时间有限，一对一会议难免会占去经理人有限的资源。那我们为什么还要坚持举行一对一会议呢？因为你管理的下属虽然变多了，但一对一会议仍可以降低召开整体会议的频率。

大部分员工可通过网络实时了解他们需要的信息，过去通过会议来“传达政令”的做法已经没有必要。你也不需要靠一对一会议来了解下属的进度，因为他们能通过计算机向你报告。

回头看看我所举的“日本大方桌”的例子。下属无须离座便可接受上级的指示，但有时领导还是得另外找个房间同个别下属面对面地谈些事情。不管是日本传统式的办公室还是电子邮件式的办公室，一对一会议还是有必要的，但会议的目的将会越来越单纯。因此，虽然你需要管理更多的下属，但会议的频率和所需的时间都会减少。

经营你的职业生涯

如果你既得扮演经理人又得扮演员工的角色，那该怎么办?

我读过的一篇报道指出，20 世纪 90 年代中年人失业的可能性大约是 80 年代初的两倍，而且状况越来越糟。

总而言之，无论你从事哪一行，你都不只是别人的员工——你还是自己职业生涯的员工。你随时都在与上百万和你一样在经营着自己职业生涯的人竞争，有些人也许还比你强，或是更热衷于此。但你先不要把矛头指向你的同事——他们只是沧海一粟，众多竞争者还隐藏在公司的竞争对手那里。所以，如果你想打赢这场“保职战”，就得好好保持你的竞争优势。

如果你是在一个成长缓慢或几乎无成长的公司里，你就得小心一群野心勃勃急着往上爬的新同事了。他们可能已经万事俱备，只是有你这个老臣挡在路中间。对此，你的上司迟早要做出留下你或是请你走人的决定，而如何避免这种状况完全取决于你。

在20世纪60年代、70年代，甚至80年代，经理人成功的秘诀就是：看准一家好公司，进去后好好干，而公司也会有所回馈。但现在可不同了。

全球化和信息革命对每个人的职业生涯规划都有致命的影响。没人欠你一个饭碗，你必须自己当家。你每天都得和上百万的人竞争，得想办法提升自己对工作的贡献，加强自己的竞争优势。你需要随时学习并适应新环境，必要时可能还得从这家公司跳到那家公司，或是从一个产业跳到另一个产业……关键就在于你要认清，只有你是自己的主人，如此你才不会成为这场硬仗的牺牲者。

在我提供一些制胜绝招之前，有些事先请你想一想：

1. 你在公司里是真有贡献还是只是个传声筒？你如何增加附加价值——这唯有靠你不断地设法增加你的产能。你是个经理人，而本书的中心思想便是“公司的产能是经理人个别产能的总和”。理论上，一天24小时你都该竭尽全力追求进步、提高产能。

2. 你的工作是不是无关紧要？或者你老是要等你的上司或别人来解释你该做什么？你是不是组织中的重要人物？或者你只是在一旁优哉游哉？

3. 你是不是总在追求新知识或是尝试新科技？（只是看看书可不算。）或者你是在一旁看戏等人来重整你的企业？（这就叫“坐以待毙”。）

我曾是工程师，现在是高科技公司的经理人。同时我也和你一样，是我自己职业生涯的老板，每天都得提高自己的产能，提供更好的产品和服务以满足我的客户。

我是个乐观主义者，我相信每个人都有能力做发财梦并让美梦成真。但有时候我认为人们并没有搞清该如何应对周围的变化，这又让我得知自己是现实主义者——只有能在变化中生存的人才会对未来抱持乐观的态度。我写此书的动机就是提出能增加你价值的方法，提高你的“存活率”。

以我在英特尔的经验，我相信我归纳出的生产法则、管理杠杆率和激励员工超越巅峰的方法等秘诀，一定能够帮助各行各业的人——包括律师、老师、工程师、主管，甚至编辑……简言之，所有的中层经理人——提升生产力。

就让我们从参观“早餐店的生产线”开始吧。

High
Output
Management

第一篇

早餐店的生产线

第 1 章

“生产”包含什么?

> 你必须按预定的时间、可接受的品质和可能的最低成本，依据顾客的需求制造和运送产品。

如果你想了解生产管理这件事，请你先假设自己像我读大学时那样在一个餐厅当服务生，你的主要职责是准备一份包括煮了 3 分钟的鸡蛋、奶油面包和咖啡的早餐。当你将早餐送上顾客的餐桌时，每样东西都应该是热气腾腾刚出炉的。

限制步骤

以上的准备过程就已涵盖了生产的基本要素。你必须按预定的时间、可接受的品质和可能的最低成本，依据顾客的需求制造和运送产品。生产流程如果以“应对顾客突发的各种需求”来设计，通常会造成闲置产能或是存货成本提高等弊病。用早餐店做例子，顾客可能希望一坐下来便能吃到熟度适中的煮鸡蛋、香酥可口的奶油面包以及热气腾腾的咖啡。要满足他的期望，你要么将厨房闲置着等他大驾光临，要么一直备有这套早餐的存货，但这两种做法都不实际。

制造商应该了解生产所需的时间并定下出货的目标时间。早餐店应大概在顾客进门后 5~10 分钟送出早餐，并以具竞争性的生产成本生产，才能获取应有的利润。就让我们先检视一下早餐店的生产流程。

首先，我们必须找出决定整个生产流程的“限制步骤”（limiting step）。早餐组合中哪一项准备起来最耗时？答案无疑是煮蛋。因为咖啡已经煮好在壶里，而烤面包只要花一分钟左右，所以我们应该以需时最长的煮蛋为限制步骤。煮蛋其实不仅需时最长，对大部分顾客而言，它也是早餐组合中最重要的一项。

接着我们要反推流程（见图 1–1），也就是用最后完成的时间向前推算，先弄清楚煮蛋、煮咖啡及烤面包分别需要的时间，以便它们同时完成。首先，计算将这三项产品摆在餐盘里所需的时间，然后计算从烤面包机中拿出面包、从壶中倒出咖啡以及从锅中捞出鸡蛋的时间。将以上所需时间的总和，加上拿蛋和煮蛋的时间，便是整个流程需要的时间。这在生产管理上称为总产出时间。

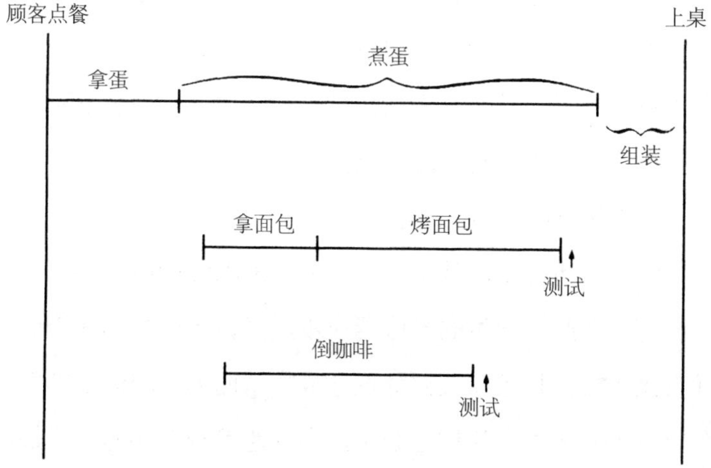

图 1–1　煮蛋是限制步骤

现在来看面包这一项，以煮蛋所需的时间为基准，你必须在这段时间放好面包及烤好面包；最后，以烤面包的时间为基准来决定何时倒咖啡。在此，最重要的是以需时最长（或最困难、最敏感、最昂贵）的项目为建立生产流程的基础，再以此考虑其他项目。

拟订流程计划应围绕着最关键的步骤，在早餐店的例子中就是煮蛋的时间，然后再考虑其他各项的产出时间，将其交错安排进生产流程里。用生产管理的术语来说，这些步骤“时间互偿”。

限制步骤的概念可被广泛运用。以英特尔招募大学应届毕业生为例，英特尔的经理到校园招聘，面试一些即将毕业的学生，然后邀请其中较具潜力的应聘者到公司参观。

英特尔负责这些学生的餐旅费。在参观公司时，这些学生将接受另一批经理人及技术人员的面试。经过不断的测评，我们会录用那些技能与英特尔需求最相符的学生，接受职位的人便可以开始上班。

应用前述的生产基本原则，你必须围绕最昂贵的项目设计流程。在此，学生的餐旅费成本最高，所以我们让部分经理直接到校园招聘以大幅降低此成本。而为了降低招聘每一职位所需的成本，我们还必须提高受邀参观公司的学生最后决定来就职的比例。若能以电话面试的方式在邀请之前先过滤一遍，不但省钱，还会提高受邀者的就职率，并减少对应聘者使用昂贵的限制步骤（请他们来公司参观）的需要。

我们也运用时间互偿的准则。招聘者以学生毕业的时间向前推算，设定各种必需的步骤及其所需时间，这些步骤包括校园招聘、电话面试及参观公司等，这都必须在学生毕业前几个月妥善安排。

生产的步骤

准备早餐的过程其实还暗藏不少玄机，其中便包含了三

项基本的生产步骤:

1. 制造:这种生产活动通常有物理或化学变化。煮蛋便是物理变化的一种。

2. 组装:将零件拼装组合在一起产生新个体。就像我们把鸡蛋、面包和咖啡组成一份早餐一样。

3. 测试:对零件及最终产品做检查。我们可以以目测来鉴定咖啡是不是煮好了,面包有没有烤焦。

制造、组装及测试可以灵活运用在其他不同的生产活动中。以训练业务人员销售新产品的任务为例,我们便能清楚划分出这三个要素。

1. 制造:营销和研发人员将一大堆产品资料转化为业务人员理解的销售策略,这个将资料转化成策略的过程便是制造。

2. 组装:将各种销售策略组合成完美的销售计划。在新产品上市的会议上,营销人员将最合适的策略和必要的市场资料(如竞争商品的价格和存货状况)结合产品说明、宣传册及活动挂图向业务人员报告。

3. 测试:在真正上市之前应先有一场虚拟的上市发布会。在此会议上,被挑选出来的业务代表要对策略及销售工具等做出反馈。如果反馈不佳,亦即测试结果不良，整个策略就必须修改或重新制定，以符合原定的营销及销售目标。

计算机编译器的发展也同样牵涉到制造流程、组装、测试这三项要素。计算机听不懂人话，想让它运作只有使用程序语言。编译器就像一个翻译人员，它能将人的语言转换为计算机的语言。有了编译器，程序设计师就可以用人的思维来思考，而不必满脑子都是乱码或“0”和“1”。显而易见，这项转换工作非常复杂，因此，编译器开发的重任便落在天赋异禀的软件工程师身上。也正是因为他们的努力，人们才能如此轻松地学会使用计算机。

整个编译器的开发中便包含了一连串的制造流程。软件中每一部分的运转都是根据一定的规格设计的，而每一部分也都必须经过单元测试，无法通过测试的部分便必须重做。当所有的部分都及格了，这些个体就被组装成一个编译器，并且在送到客户手上之前进行系统测试。时间互偿的概念在这整件事中将被广泛运用。因为各步骤产出所需的时间事先都已经设定，所以步骤与步骤之间如何做最好的衔接也可以通过计算机来设计。

表面上看，准备早餐、招募新人、业务人员训练，甚至编译器的设计这几件事简直毫不相关，但本质上它们都有着相同的基本生产流程。

复杂化

现实生活中总是布满荆棘。我刚刚设计的早餐店是在产能不受限制的前提下做的假设——厨师从来不用等锅煮蛋或是等面包机烤面包，这在现实生活中根本是不可能的事。

如果你在排队等着用烤面包机，该怎么办？如果你不把排队等候这件事纳入你的生产流程来考虑，你 3 分钟煮的鸡蛋可能就要变成煮了 6 分钟的铁蛋！

所以，如果你的烤面包机数量有限，你就必须把这一步骤当成限制步骤，重新设计流程。煮鸡蛋的品质仍然决定顾客对早餐的喜恶，但时间互偿的部分必须重新调整。

我们该如何调整这个模块中的制造流程？从早餐上桌的那一个时点倒过来推，我们会比较清楚哪些步骤会受到影响。

请看图 1–2，有关蛋和咖啡的部分仍然维持不变，但烤面包机的数量有限会造成相当大的变化。现在你必须考虑拿面包、烤面包和等烤面包机的时间，这表示整个生产流程要有所改变。烤面包的部分成为限制步骤，整个流程的重新设计都必须以此为中心。

再把事情复杂化一点。万一你在该煮蛋时碰巧被卡在等烤面包机的长龙中，你该如何是好？乍看之下似乎没有办法，其实不然。

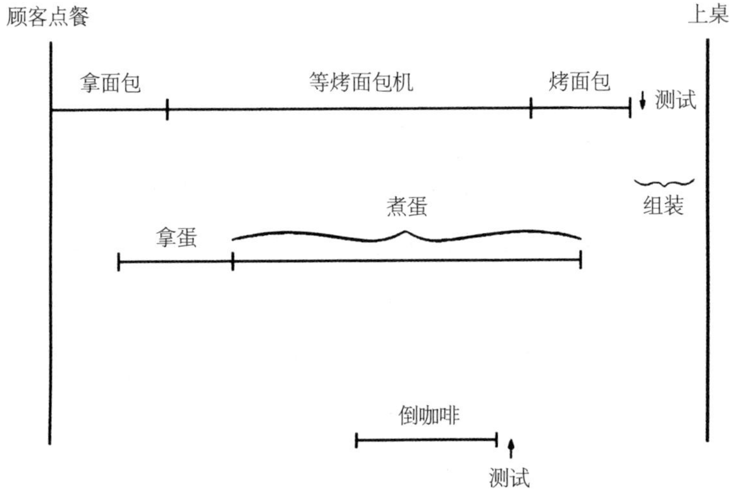

图 1–2　烤面包机产能有限，所以是限制步骤

如果你是这家餐厅的经理，你可以考虑让某些人专司一职。你可以让某个人专门烤面包、专门煮蛋或是专门倒咖啡，然后再找一个人来监工。当然，这笔人工支出可能太大，让你连想都不去想。

如果你是服务生，你可以请也在排队的同事帮忙，在你去放蛋时让他帮你放面包。但当事情必须寻求他人帮助时，结果通常很难预期。身为餐厅经理，你也可能再多买一台烤面包机，但这又会是一笔昂贵的支出。

或者你也可以持续不断地烤面包，这样一来虽然增加了面包的存货成本——有一些面包烤好但放久了就得丢掉，而热面包将可以随时供应。总归一句话，至少你知道天无绝人之路，总有一些办法可想。你可以增加设备产能、增加人手或是提高存货量，每个办法都有利弊，但也都对整个烤面包的流程有帮助。

找出最佳策略

因为每一个方案都得花钱，所以你的责任就是找一个最具成本效益的方法来配置资源，这也是所有生产活动最佳化的关键。

虽然人们常说世上无绝对，但凡是能以最低成本实现理想的运送速度与品质的，便是最佳方案。为了找出这个最佳方案，你必须了解各方案（诸如增加人手、增加产能以及提高存货量）的利弊得失。当然，不是要你拿着秒表去计算每个人等烤面包机的时间，或是用任何高等数学知识去计算存货和设备成本。重要的是，你必须了解生产过程的每一个步骤及其互动关系。

现在我们要更进一步地把这个例子中的早餐店厨房换成一个大规模生产的工厂。首先，你添购了一台能固定且持续生产煮了 3 分钟的鸡蛋的机器（见图 1–3）。我们已经假设顾客喜欢煮了 3 分钟的鸡蛋，而且有大量且可预期的需求。因为这台机器是设计好的自动化设备，它将失去生产煮了 4 分钟的鸡蛋的弹性，而只生产煮了 3 分钟的鸡蛋。

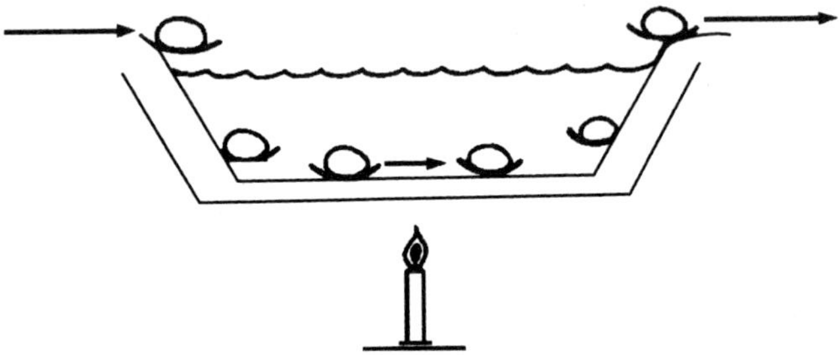

图 1–3　煮蛋机可以连续生产煮了 3 分钟的鸡蛋

其次，这台煮蛋机的生产速度应该配合烤面包机。我们现在已经将整个流程转化成连续性作业，但与此同时，我们也失去了灵活性，无法再针对个别客户的特殊需求做调整。所以，我们的顾客如果想享受这套新模块带来的利益——较低的成本和稳定的品质，他们就得改变他们的期望。

测试与验货

然而，连续性作业并不能保证较低的成本和较好的品质。试想：如果煮蛋机的水温失控会发生什么——在失控期间所煮出的蛋将成为废品，而同一时间生产的烤面包也将因为没有蛋可以一起送上桌而成为废品。你该如何将这种风险降至最小？功能性测试会是个好方法。你要不时地敲开煮鸡蛋检查它们的品质，但这样你也必须丢掉检测过的蛋。

另一个方法称为“线上检视”，包括多种做法。举例来说，你可以找一支温度计经常性地检测水温。为了节省聘请专人读温度计的费用，你可以请人设计一个小机关，只要水温和设定的温度差了一两度就会铃声大作。这里的要点是：只要有可能，你都应该使用线上检视的方法，而避免必须牺牲产品的测试方法。

这台煮蛋机可不是这样就可以一劳永逸了。在煮蛋之前，蛋可能已经臭了或裂了，或是它们可能过大或过小而影响了煮熟的速度。为了避免这样的问题，你必须验货。如果验货时发现不合格，你可以当场退货，但你也就没有原料可供制造。这样岂不要停工了？

且慢！这就是你要有原料存货的原因。存货的多少要视情况而定。原则上，你的存货应该至少能在供货商下次送货之前满足工厂的用料速度。在这个早餐店生产线的例子中，如果蛋商每天送一次货，你就必须要有足够一天使用的安全存货量。但记住一点：存货需要成本，你必须权衡累积一天存货量的利益和所需费用。

除了有形的费用，你还得考虑无形的风险。如果煮蛋机出现故障将会怎样？你会失掉多少顾客？要把这些顾客再招揽回来的成本又是多少？这些都是有关风险的问题。

及早发现、及早解决

所有的生产流程都有一个共同的特性，就是原料在流程中会变得越来越有价值。生蛋的价值不如煮熟的蛋，搭配好的早餐套餐比没搭配的价值高，而厨房里的那些“成品”，只有摆在顾客面前才能实现其价值，因为顾客走进这家餐厅就是要享用它们。

一个已完成的编译器的价值远胜于之前的“零组件”——语义分析、程序编写及运行时间等。而在招募新人的例子中，一个我们决定雇用的大学毕业生，其价值远超我们在校园招聘时面试的学生。

我们应该谨守“及早发现、及早解决”的准则，如此我们便能在生产流程中价值最低的阶段修正问题。

因此，我们应该在蛋商送蛋之前让他们把坏的蛋挑出来，而不是让我们的顾客在餐桌上发现它们。同理，如果我们能在校园招聘时就决定筛掉哪些人，就可以省下双方在接下来的面试中所花的时间和金钱。而在开发编译器的例子中，我们应该在单元测试时就找出问题，如果在“组装”好之后才发现有毛病，麻烦就大了。

我还想拿美国的司法审判系统举例，即使这样有可能让我戴上“冷血”的帽子。让我们把司法审判系统看成一个生产过程，而最后的目标是要找到嫌犯并绳之以法。

整个生产流程从有人到警察局报案开始。如果警方已掌握特定的线索，接下来便是更详细的调查，但经常案子到此便会因为缺乏证据或其他原因而僵在那里。如果案子再发展到下一阶段，警方找到了嫌犯，他们便得四处找人证、物证，立案并送至法院起诉，但起诉时通常也会因为证据不足而被驳回。

起诉若被受理，下一步便是审判。嫌犯可能被判有罪，也可能被判无罪。被判有罪的还得看刑期：有的可能被保释，有的可能还要继续上诉，到最后只有少数的人被送到监狱里。

如果我们对每一步骤进行到下一步骤的“成功率”做一个合理的假设，我们会被最后的结论吓一跳！假设我们把所有审判的费用加总，再分摊到那些最后真正被绳之以法的罪犯身上，我们将发现每件案子审判的成本高达百万美元以上——好一个让我们这群纳税人心里淌血的数字！这个数字之所以如此高，主要是在所有被指控的人中，只有少数人会经过所有的司法程序而被关进监狱。

大家都知道现在美国的监狱已经人满为患，很多罪犯都因此而缩短刑期，甚至不用服刑而改服其他劳役。这严重地违反了生产流程中的基本概念，也因而造成了极大的浪费。非常明显的是，我们应该把“定罪”列为限制步骤。即使今日，在美国建造一间牢房的成本大约是 8 万美元，再加上养一个犯人的费用一年大约为一万到两万美元，相较于原先定罪所需的上百万美元成本，也只是沧海一粟。

我们花了上百万美元审判一个人，却因为少了一间只要8万美元的牢房而让这名犯人在社会上游荡，这真是大大滥用了我们在司法体系上的投资。而这也正是设错了限制步骤（即牢房的有无）造成的结果。

第 2 章

从早餐店的库存谈起

我们不仅要辛勤工作，还得懂得如何工作。

好，现在承蒙顾客支持和某位金融巨子的鼎力资助，你的早餐店规模扩大了，面包、咖啡和煮鸡蛋都分别置办好了生产线。身为早餐店经理，你拥有为数可观的下属，还有一大堆自动机器设备。但你若想让这工厂正常作业，最好先设定一套衡量指标。

设定指标

这个时候，你的产出已不只是你送到客人桌上的早餐，而是整个工厂生产的产品、产生的利润和顾客满意度。要管好你的产出，你得先设定一些指标；要做到高效高产，你需要更多的指标。你可选的指标也许不计其数，但除非"每一项指标针对不同作业目标评估"，这整套指标才会发挥功效。

假设为了达到你的每日生产目标，你共设计了 5 项指标。那么这 5 项指标应该包括什么呢？或者可以这样问，你每天早上踏进办公室时，最想马上知道哪 5 项信息？以下是我的拙见：

第一，你想知道这一天的销量预测。今天可能卖出几份早餐？要评估你的预测有多准，你可以将昨天的预测和实际的送货量做个比较。换言之，你要找出前一天的预测和实际销量之间的差异。

第二，原料存货。手上的鸡蛋、面包和咖啡是不是够用？如果不够，你是否还来得及订货；如果太多，你可能要考虑取消今天的订单。

第三，设备的状况如何。如果昨天曾经发生故障，你得赶紧把它修好，或是重新安排生产线，以应对新一天的供货。

第四，你必须了解你的人力资源。如果有两个服务生请病假而你还想正常供货，你就必须动点脑筋。是找临时工呢，还是从烤面包的生产线上调个人来充当服务生？

第五，你得设定人力资源品质指标。你不能只看一个服务生送了几份早餐，因为即使他送了几千万份，如果同时得罪了每一个客人，你的生意也白做了。顾客的意见对你的生意影响太大，你可能要考虑在收银台旁边放个顾客意见箱。如果某个服务生被顾客抱怨的次数太多，你就得找他来谈一谈。

这些指标对你管理早餐店都非常重要。如果你每天先检视这几项指标，就能在问题还没变得太糟之前将其解决掉。

指标配对

指标能将你的注意力引导到需要监督的事情上。举例来说，只有你开始注意你的存货水平，你才可能着手降低你的存货量。不过仅仅这么做还不够，因为你有可能因存货量太低而无法应变。指标能引导我们的管理，但我们必须要小心过犹不及——不要反应过度！

我们可以通过“指标配对”的方法来避免反应过度，因为如此一来，你便可以在反应的同时了解可能产生的副作用。在前述存货的例子中，你必须同时注意存货水平和避免缺货的发生。如果发生缺货的概率太高，你就得小心不要将存货水平降得太低。

这项指标配对的准则应用在编译器的开发上尤其有用。因为，每一个软件单元的完工日期及其程序执行的能力都是我们关心的指标。要是我们能兼顾这两件事，我们就可以避免求好心切而延误了交件时间，抑或是仓促行事而导致产品质量不佳。“指标配对”能让我们通过权衡找到最佳方案。

最能体现指标（或是指标配对）功效的便是管理工作。英特尔一直运用指标来提升生产力。

指标运用的第一个原则是，“有总比没有好”。任何管理都需要评估，但我们也发现，一个有效的指标应是评估产出，而不是产出之前的生产活动。

这就像你在评估一个业务人员的绩效时，你在乎的是他拿下了多少订单（产出），而不是他打了多少电话给客户（活动）。

指标运用的第二个原则是，一个好的指标应该是用来衡量具体且可计算的事情的（见表 2–1）。因为这些列出来的指标都是可量化的，所以和它们配对的指标应该强调质的方面。因此，我们除了想了解一天可以处理多少笔应付账款，还应该将不论是供货商反映还是内部稽核发现的错误列为配对指标。在评估清洁工的工作时，我们不仅要注意他清洁的面积，还要关注这座办公楼中的公司对清洁的质量做出的评判。

这类指标配对有多种用途。第一，它们清楚地列明了目标；第二，为评价管理活动提供了相当的客观性；第三，让在不同组织中从事相同管理工作的人有互相比较的依据。有了指标，我们才有办法比较两栋大楼的清洁工的绩效。事实上，设定了指标之后，员工的斗志也容易被激发出来，从而提升工作绩效。

表 2–1 办公室活动及其产出指标

办公室活动	产出指标
应付账款	账单处理数量
清洁工	清理面积
客户服务	订单处理数量
资料输入	数据处理数量
招聘	招聘了多少人
存货管理	存货项目的数量

黑箱理论

我们在此先把这个早餐店的厨房假想成一个黑箱。我们投入了原料、人力（包括服务生、助手和你这个经理）而产出早餐（见图 2–1）。

大体上，所有的生产流程都可以简化成这种黑箱图例。因此，先前提到的人才招聘也可以用黑箱来表示。我们投入了大学毕业生，而最后被我们录用且愿意来上班的便是产出。我们所投入的人力则包括到校园招聘或是在公司面试的经理人。

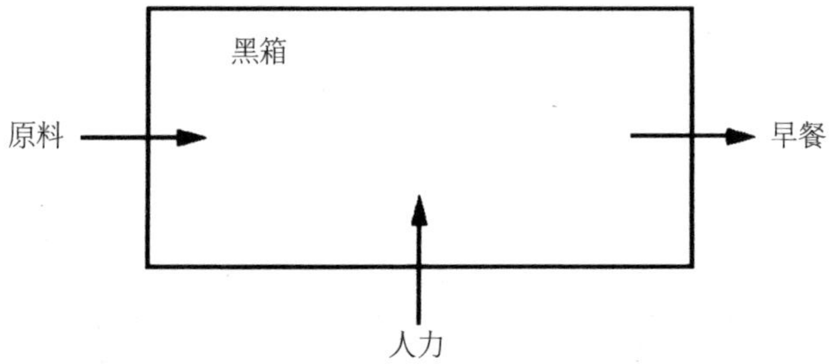

图 2–1　将“黑箱理论”应用在早餐店管理中

在业务人员的培训中，我们将产品说明投入黑箱中，而产出的是受过培训的业务人员。至于涉及的人力则包括将原始资料转成销售工具，并负责教业务人员如何使用资料的营销人员。事实上，绝大多数的管理活动都可以用这个黑箱来解释。在催收账款的部门中，他们投入有关客户的信息——订的货品、价格、数量及交货方式等，而最后的产出则是可以用来催账的账单。投入的部分当然也包括其中所有的人力。

这个黑箱将生产过程所涉及的投入、产出以及人力清楚地做了分类。为了让这个流程进行得更顺利，我们可以在黑箱上挖几个洞，看看葫芦里卖些什么药。如图 2–2 所示，我们将能更清楚地了解生产流程的内部作业，进而更准确地预估未来的产出。

1. 先行指标（leading indicator）。先行指标通过让你了解未来的概况来引导你注意黑箱中该注意的事情。因为你事先有所反应，所以能杜绝后患。当然，先行指标的功效唯有在你确信其有效的前提下才会成立。道理虽然很清楚，但实际操作上却有其难处。因为要你在问题出现前就花大钱防微杜渐会有一定的困难，而且你必须按指标行事，否则你可能会像只热锅上的蚂蚁。因此，你选择的指标必须有可信度，能让你按信号行事。在早餐店的例子中，先行指标可能是机器故障记录，也可能是客户满意度这些我们日常用来监控流程的项目，但它们也具备了预测未来可能会出现的问题的功能。

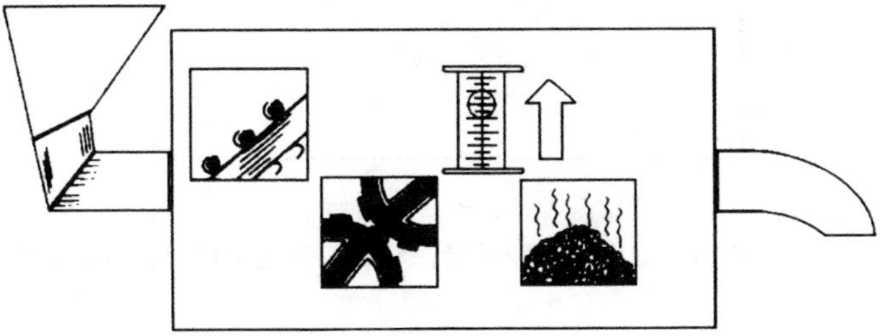

图 2–2　通过在黑箱上开窗，我们可以大致知道未来产出的状况

2. **线性指标（linearity indicator）**。我们在黑箱上开的这几个窗口就称作线性指标，从图 2–3 有关人才招聘的例子中，我们可以了解它的含义。虚线表示当月通过面试且愿意来上班的大学毕业生。理想状况下，我们招聘的进度应该遵照图 2–3 的实线，且在 6 月时实现招聘的目标。从图 2–3 来看，4 月的进度和预期的目标还差一大截。所以，指标在此告诉我们，想要实现目标，唯一的方法便是要比前 4 个月多加几把劲。线性指标同样具有“早期发现、早期解决”的功效。没有它，我们可能一直到 6 月才会发现目标无法实现，且已无法挽救了。

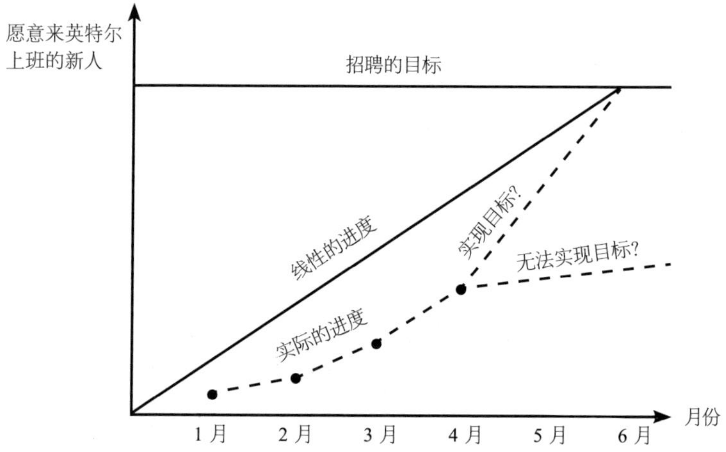

图 2–3　线性指标便于早期预警，让我们知道目标是否可能达成

如果我们以制造工厂为例，你可能会因为我们每个月都设定生产目标而假设一切应该没有问题。其实我们仍然应在黑箱上开个窗，衡量每一天不同的进度，再将其与理想的线性进度相比。你有可能发现产出的速度很稳定，或者有可能出货都挤在每月的最后一个星期。如果是后者，这个经理人可能并没有善用人力和设备资源。他若不改善这种状况，一旦月底机器发生故障，结果将不堪设想，生产进度会大大落后。而线性指标能对这种状况提出预警，这便是它如此重要的原因。

3. 趋势指标（trend indicator）。这个重要的指标能以时间（这个月的业绩和过去数月的相比）或其他设定的标准为基础，衡量诸如早餐做几份或是海报做了几张等产出。根据对过去的观察，你可以从其显示出的趋势预测未来。这样的预测就像在这黑箱上又多开了一扇窗，除此之外，根据设定的标准来衡量，也能刺激你去思考为何产生这样的结果，而不只是让标准告诉你结果是什么。

4. 重复印证表（stagger chart）。这个表可用来预测未来几个月的产出。每个月我们都将更新资料并重新预测，因此每个月你都能将实际销售业绩和上个月的预测，甚至前几个月与本月的预测相比较。你不必费太多精力就能看出预测的准确性以及其与实际产出间的差异。这样的表格比单纯的趋势表更有助于预测未来。

以我的经验，重复印证表在预测经济趋势上最能发挥其威力。表 2–2 是英特尔的一个部门对客户订单的预测。你必须不断地根据资料修正你的预测。这个表不但显示出你对每月业绩的预测，同时也显示了不同月对某特定时间点的预测有所不同。这样的预测方法将让负责的人不敢懈怠，因为他所做的预测将不断地和未来所做的预测以及最后的结果相比较。但更重要的是，你可以看出这些预测越做越好或越做越差。这是我所见过的在企业发展上最重要的指标。依我之见，经济学者和投资顾问都应该被放在重复印证表里检验，唯有如此，我们这些经理人和投资大众才有依据评判他们说的话。

表 2–2　重复印证表

预测制定时间	7 月	8 月	9 月	10 月	11 月	12 月	次年 1 月	2 月	3 月	4 月	5 月	6 月
7 月	22	28	34	29								
8 月	*23	27	33	31	29							
9 月		*21	30	30	35	33						
10 月			*29	32	32	32	29					
11 月				*27	32	31	32	31				
12 月					*27	27	31	30	40			
次年 1 月						*26	28	29	39	30		
2 月							*24	30	36	32	34	
3 月												

* 表示实际销售数量

总而言之，指标在解决各式各样的问题上都极有帮助。如果有什么事出了差错，你就会有足够的信息，并且迅速发现毛病出在哪儿。如果你平时没有提前设定指标，到了出问题时，你就会为了找资料而手忙脚乱；而等到你真的找好资料，事情可能已经变得更糟。

控制产出

有两种方法可以控制一个工厂的产出。一些产业采用接单生产的方法。比如你去定做沙发，通常都得等上一阵子，除非你直接拿展示品。家具制造商通常会在接到订单后安排生产。如果你需要一部特别款式的车，同样的情况也将发生。汽车工厂会准备好你挑的颜色和配件来生产，但你必须等上一阵子。我们的早餐店也是如此。

如果你是家具制造商，你的竞争对手只要 4 个星期就能出货，而你却得花 4 个月，在这种情况下，你可能很难留住你的客户。所以，如果你很想接单生产，就得用其他方法控制产出。简而言之，你必须计划生产。事实上，这意味着你要将未来的订单考虑在内。

计划生产即是合理推测未来的订货量，并以此设计生产活动。很明显，如此一来制造商将面临存货水平提高的风险。因为预测只是对未来需求的评估，一旦预测错误——不管是订单量不及预期还是产品项目错误，这个制造商都将因为资源配置不合理而陷入窘境。前面两种错误的预测都将造成不必要的存货。因此根据预测来生产，你多少得冒点资金风险。

英特尔的客户需要我们及时响应他们的需求，所以就算生产周期长，我们还是得按预测生产。就像早餐店虽然是按顾客点单来生产，但是在向供货商（例如蛋商）订货时，还是得以预测的需求为基础。同样，公司在招聘大学毕业生时，也是着眼于未来的需要，而非等到有空缺时才急着去招人。计算机软件产品——例如编译器，通常也是根据预测的市场需求，而非针对特定的订单生产。在企业实务中，你可以找到太多计划生产的例子。计划生产包含两个同时进行的流程，它们分别有各自的周期。

在图 2–4 中，制造流程从“原料获取”阶段开始经过了不同的生产阶段，最后将成品送到仓库；同时，业务人员开始寻找潜在客户，与其接洽，最后客户下了订单。理想的情况是，客户下订单的同时产品完成生产并到达出货点。

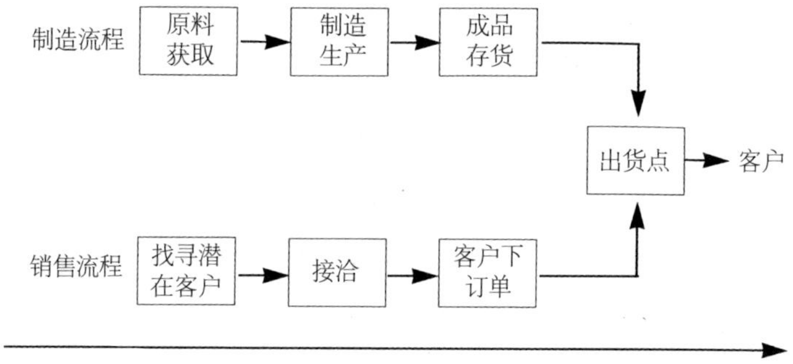

图 2–4　客户订单和产品同时到达出货点

因为预测是如此复杂的一件事，你也许想让一位经理全权负责，但这并不是很好的做法。比较好的方法是请制造部门和业务部门都做预测，这样他们便要对其预测负责。

在英特尔，我们尽力让这两组平行的流程能互相配合。如果我们做不到，其结果不是我们无法满足客户需求，便是这批货找不到买主。两者都让人伤脑筋。反过来，如果这两组流程配合得好，原先只是预测的订单变成了真正的订单，顾客的需求便能被满足。

当然在实际工作中，这种理想状况少之又少。较常发生的情况是客户犹豫不决或改变主意，而且在制造流程上也可能发生错误或是延误交货时间，甚至还有其他种种不可预知的情况发生。由于不可能精确地预测业务或制造流程，因此我们应该在这个系统中加入一些“弹性空间”，保证一定的存货是最明智的做法。毋庸置疑，存货越多，我们应变的能力就越强。但存货的建立和保管都得花钱，因此必须小心控制。如我们之前所学到的，我们应该储备的是处在价值最低阶段的存货，就像早餐店厨房里的生鸡蛋。而且，在一定的存货成本限制下，存货的价值越低，我们的生产就越具弹性。

重复印证表应该同时用在制造和销售预测上。如前所述，此表可以显示出每月的预测以及和实际情况相比的变化趋势。观察重复印证表，你便可以找出预测错误的原因，设法提高你在制造以及销售预测上的准确性。

对未来做预测，然后调整管理工作，是提高产能的一个重要方法。预测通常只被运用在厂务或实体销售上，而非管理工作上——因为管理工作至今仍被认为比厂务更注重“质”的方面，且较缺乏业绩目标或者衡量的标准。

然而，如果我们能仔细选择管理工作的指标并密切观察，我们其实也能把工厂的那一套控制方法搬到管理工作中。

我们能从趋势资料中推论出既定标准，借以预测各种不同任务所需要的人数。严格应用这套预测的准则，你就可以更有效地运用人力资源，以应对管理活动可能的增加或缩减。但如果你只是交差了事而非严格应用准则，你将永远无法降低员工人数，而且根据帕金森定律：员工永远会将交差的时间拖到最后一秒。

设定标准，预测每个员工的工作量，这绝对有助于提高并维持产能。

品质保证

如我们所知，制造商的目的是要以最低成本将客户能接受的产品送到他们手上。为了保证产品的品质能被接受，所有的生产流程——不管是生产早餐、招聘新人还是制造编译器，都必须设有“检查点”。

如果想以最低成本得到可接受的品质，你必须在产品尚未消耗太多成本之前淘汰掉瑕疵品。如前所述，我们最好在蛋还没煮之前就找出坏蛋，在应聘者还没到公司参观前就淘汰掉一些。简而言之，就是在加大投资之前做出筛选。

用生产上的术语来说，在最低价值的检查点，也就是原料交货的地方检查，称作验货。在此，再以黑箱来代表我们的生产流程（见图 2–5）。在黑箱中的检查称为线上检验，而在准备把产品交付客户前所做的最后一次检查，我们称为最终检验或出货品质检验。

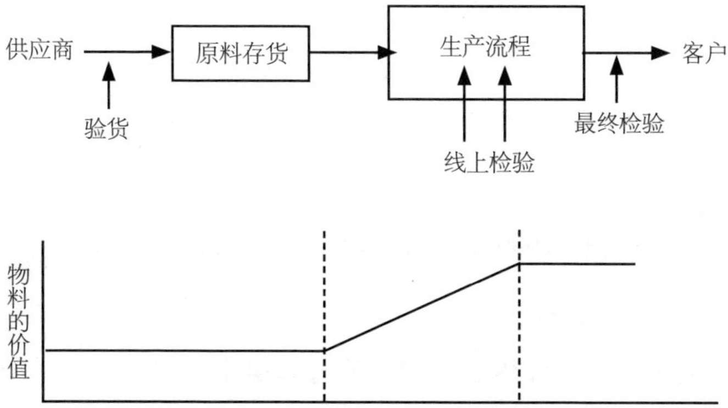

图 2–5　线上检验以确保品质

原料如果在进货时就未达到最佳标准，有两种处理方式：退货，或是改变标准以接受这批次级品。如果我们选择后者，可能会造成后期较高的瑕疵率，但这个选择可能又比等不到合格原料而必须停工关厂划算。这种决策非一人所能独断，必须靠品质管理人员、制造人员以及产品设计师等共同协商。他们会提出种种可能发生的后果，在权衡之后做出判断。

虽然弃置瑕疵品难免会牵涉到成本问题，但如果接受瑕疵品，则会造成客户对我们的信赖度降低，这是万万不可的。简而言之，如果我们无法评估瑕疵品会造成什么损害，就不该以客户对我们的信赖为赌注。以心脏起搏器为例，如果有个零件在制造时便被发现有问题，制造商必须当机立断马上更换零件。虽然这样可能会增加成本，但相对于在产品上市后才被消费者发现产品有问题，前者的成本可要小得多了。后者可不只是钱的问题，还有可能闹出人命。

检验不但需要花费成本，而且会因为对整个工艺产生干扰而增加整个工艺的成本。但无论如何，我们仍应在检验并提高品质与减少干扰之间找到平衡点，有几种方法可以协助我们达到这个目的：

第一种方法我称之为"海关与监视器"。"海关"是指我们先设下重重关卡，产品唯有在通过检验之后才能进入下一关；如果产品无法通过检验，便会被打回前一关重做或是废弃。而在"监视器"部分，我们将在原料中取样，如果它是瑕疵品，我们会标上记号，并计算瑕疵率。这批原料将不会在流程中的各关卡被截住，整个工艺将因此变得顺畅。但如果连续监测到三件瑕疵品，我们就该停止这条生产线。这里所需考虑的利害关系是：如果我们挡下了整批原料，整个工艺的时间将会变长；而如果我们先让一些瑕疵品过关，虽无须减缓制造的速度，但以后将注定为这批瑕疵品付出较高的淘汰成本。

可想而知，"监视器"的执行成本比"海关"低。广设关卡可以提升产品的品质，但该设多少则很难有定论。我的经验是：你应该先考虑使用监视器，除非过去的经验显示你每次放过一个瑕疵品最后都酿成了大灾难。

第二种降低品质管理成本的方法是随机检验。因为产品品质好坏因时而异，所以改变我们检验的频率也就理所当然。如果好几个星期都没发现问题，减少检验的次数便显得顺理成章。但一旦有问题产生，我们便要马上增加检验的次数，直到产品品质又回到预设的水准。这个方法的好处也是成本较低，且对制造流程干扰较少。但实际上，就算是制造流程标准化、产品复杂度低的制造商也不常采用这个方法，因为人都有习惯，且不论这个习惯是最近几周才养成的，还是累积数年的老习惯，习惯总是很难改变，检查也很难能“随机”。

仔细想想，经过设计的检查计划确实能增进效率及提高产能，不论是对制造流程还是对管理活动都能产生效果。但现在让我们来看一个与早餐店大相径庭的例子。我曾读到一篇有关美国驻英国大使馆的报道，内容是说美国使馆无法处理大量涌来的签证申请。每年大约有 100 万左右的英国人申请赴美签证，而其中只有 2% 遭到拒绝。大使馆中有 6 个办事员负责此事，他们每天必须处理大约 6 000 份申请文件。

大部分的申请文件是通过邮件送达的，因此无论何时都有 6 万到 8 万份的英国护照在大使馆中。同时，还有上百位英国人或其他国籍的人在使馆外大排长龙等着办他们的签证。大使馆已经想过好几种办法来提高效率，包括在报纸上登广告，请申请者尽早申办，因为一般至少要三个星期才能办好签证。大使馆还在门外设了急件信箱，让必须当天取件的人直接把护照和签证申请表格放入信箱中。即使如此，大使馆外的长龙还是不见缩短。

事实上，大使馆用来提高办事效率的方法只会让问题更糟，因为这些解决办法都没有触及问题的核心：加快签证办理的速度。时间和钱只是花在了将申请分成急件和普通件上，如此只会产生更多的人工费用，对产出的提升并无帮助。

如果美国政府想要吸引英国人到美国观光，就不该让签证申请如此不便。如果大使馆绞尽脑汁还是想不出办法，那便应该向我借用几招基本的生产管理技巧。他们要做的是采用我所提出的品质管理方法。

在这个例子里，大使馆必须先接受一个事实——并不是所有的签证申请都需要审核。我们先前已经知道，有 98% 的申请完全没有问题。所以，大使馆如果能以抽样的方式，对这些被抽取出来的样本详加检查，便可以在不增加美国政府不欢迎的人入关的可能性的情况下，减少申请者大排长龙的情形。

除此之外，大使馆应以事先定好的标准来检查这些样本，如此一来，签证申请的流程便很像美国国税局的办事流程（他们以办事效率高著称）。后者可以仅从支票或其他资料上大概了解报税是否属实，而不必逐一过滤。

如果我们也用这种思维检查经理人的生产力，我们将会看到，当一个经理决定对一个特定事件多花点精力时，事实上他便是在使用随机检验的方法。如果某位经理对他的每一个下属都事必躬亲，就可能造成干预，而且他将浪费很多时间监督不会出错的下属的工作进度。更糟的是，他的下属可能会因此形成依赖性——反正什么事到最后老板都会检查。而随机检验应用在管理上，既可以增加员工的责任感，又可以节省时间，对提高管理的产能也大有助益。

产能再释义

我们之前所学的黑箱理论可以对产能下一个既简单又有用的定义：

产能＝黑箱中不同部门的产出／此项产出所需的人力

因此，提高产能的方法之一便是加速生产。我们可通过组织重整或只是让员工工作更勤奋来达成目的。我们并没有改变工作的本质，而只是想办法让事情做得更快——让每一个员工在每一工时内做更多的事。因为黑箱的产出是其间所有生产活动产出的总和，每个员工做事越多，整个黑箱的产出就越大。

第二个提高产能的妙招是改变工作的本质。这里要谈的是“我们该做什么”，而不是“怎样才能更快”。我们要提高产出对工时的比例，即使工时维持不变，我们仍可设法提高产出。就像大家常说的：“我们不仅要辛勤工作，还得懂得如何工作。”

杠杆率

现在我要在管理实践中导入一个物理概念——杠杆率。一个活动如果有比较高的杠杆率，即表示同样的投入之下，这项活动会比杠杆率较低者有更高的产出（见图 2–6）。

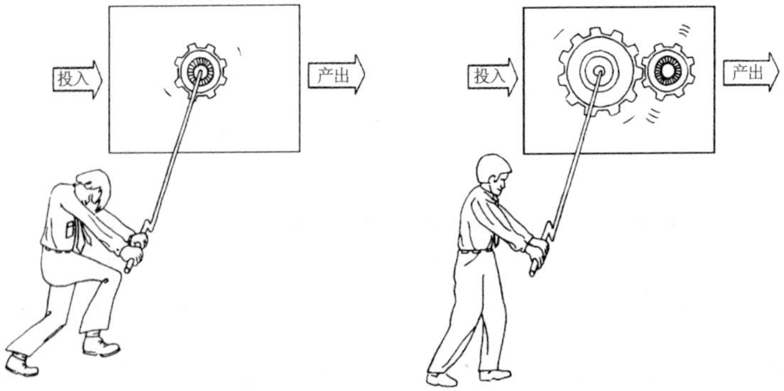

加快工作速度可以提高产出　　提高活动杠杆率也可以提高产出

图 2–6　杠杆率

举例来说，如果有个员工在同样的时间内能做好两份早餐，他的杠杆率就比同一时间内只能做一份早餐的员工高。一个程序设计师如果能运用较高级的程序语言，他解决问题的效率将比只能运用基本语言的设计师高，也因而有了较高的杠杆率。因此，一个重要的提高产能的方法，便是找出哪些生产或管理活动具有较高的杠杆率。

无疑，自动化是提高杠杆率的一种方法。借助机器的帮助，人类有了更大的产出。但不管在生产还是管理活动上，都还有办法提高杠杆率，那便是将工作简单化。要以此法提高杠杆率，首先，你必须制定一套生产流程表。这个表必须详尽，千万不要为了让图表看起来漂亮而省略了某些步骤。其次，你得算一算总共有几个步骤，接下来才能找出比较的依据；最后，便是设定你删减的目标。以我们的经验，将工作简单化的第一回合通常可以将工作步骤减掉 30%～50%。

要将工作简单化，你得先质疑每一个步骤存在的理由。你会发现很多步骤其实并不需要，它们的存在可能是因为传统或只是为了让工作显得正式，而实际上对生产活动完全没有帮助。就像缓慢的美国“签证工厂”，大使馆的办事人员并没有必要逐件对申请进行调查。所以，你必须非常严格地检查每一个步骤，然后删掉那些凭常理就知道不必要的步骤。在英特尔，我们发现大约有 30% 的管理活动没有必要；换言之，原先 70% 的管理活动便能完成我们产出的目标。

将工作简单化并不是什么新理念，事实上它在这世上已有百年历史，但将这个理念应用在管理活动上，不仅是创新，而且仍有许多人抱着观望态度。最主要的问题是如何定义此类活动的产出。

如我们所见，在办公室的管理上通常很难分出何者是“活动”，何者是“产出”。且就像之前所提，强调并着眼于产出才是提高产能的关键；如果只是在管理活动上打转，付出再多资源和精力都是徒劳。接下来我会进一步解释。

High
Output
Management

第二篇

打好团体战

第3章

管理杠杆率

经理人的每一项管理活动对整个组织都有或多或少的影响。至于对整体产出的影响有多大，则在于这些活动的杠杆率大小。

经理人的产出是什么？

我曾经问过一些中层经理人这个问题，得到的答案如下：

- 判断与意见
- 执行的方向
- 资源分配方式
- 检查错误
- 开展培训与协助下属在职业生涯上的发展

- 传授课程
- 产品计划
- 沟通协调

以上这些便是经理人的产出吗？我不这么认为。这些只是经理人“从事的活动”，或只是描述经理人为了得到结果或产出时所做的事。那么到底什么才是经理人的产出？如果他是英特尔半导体芯片厂的厂长，他的产出便是高品质的硅片成品。如果他是英特尔的设计部主任，他的产出便是能够直接为生产线提供合理的产品设计。如果他是一个中学的校长，训练有素的毕业生或是准备升学的学生便是他的产出。如果他是一位外科医生，一个完全康复的病人便是他的产出。我们可以用一个数学算式来呈现经理人的产出：

经理人的产出＝他直接管辖部门的产出
＋他间接影响所及部门的产出

这个等式怎么来的呢？不管是企业、学校还是医院，其产出都是团队合作的结果。一个经理人能做好他的分内事并且将它做到臻于完善，但这并不全是他的产出。如果他领导一群下属，并且有一群同事在工作上受他影响，这个经理人的产出便是这两群人的产出加总。

如果这个经理人是提供信息或技术的顾问人员，他对其他部门的影响可能更大。内部顾问如果能够给其他部门提供解决问题的信息，其影响力有时不亚于该部门经理。同理，如果一个律师帮一家药厂申请到新药的生产许可证，他就等于直接协助药厂将多年的研发成果公之于世。而一个市场分析师平日观察上千种产品，留心产业、竞争者的动态并分析市场信息，他提供的资料不仅直接影响到营销及业务部门，甚至能引导整个公司。因此，我们对“经理人”一词应该给予更广泛的定义。这些顾问或技术人员也应该被列入中层经理人，因为他们在组织中经常有不可忽视的影响力。

所以，我们将“经理人的产出”定义为“直接管辖范围和影响力所及的组织产出的总和”。虽然经理人本身的活动无疑非常重要，但他自己并不会有任何产出，他的产出来自他领导的部门。

打个比方，一个球队教练或明星球员无法仅靠自己一个人取得胜利。一个球队的战绩要靠全体队员的同心协力，加上教练的指导方能达成。同样，不管是公司、学校还是医院，甚至是政府机构，都得靠团队合作才能制胜。

经理人很容易就会发现他从事的活动有很多会影响别人。就像我先前列出的那些经理人对“经理人的产出是什么”所提供的答案，不管他是提供意见与判断、指示方向、告诉下属资源分配方式，还是检查错误等，对于产出他都是不可或缺的关键角色，但这些活动和我们的产出在本质上仍是两码事。

分内事与结果

以我自己扮演过的经理人角色为例，身为英特尔的总裁，我可以通过对直属员工——集团内总经理及类似职位的人的管理而影响产出；我也可以通过观察并给予建议，对虽非我直接管辖的人产生影响。我希望能够通过以上的活动，增加整个公司的产出，事实上这也是我这个经理人的产出。

有一次，公司里的一个中层经理人问我是怎么做到既在公司中对经理人授课，又巡视工厂、解决好多经理的问题，且还有时间做我分内的工作。我反问他："那么你觉得我分内的工作是什么？"他想了一会儿，然后回答："我想那些都是你分内的事。"一点儿都没错——虽然这并不是我工作的全部，但这些事对增加英特尔的产出都有帮助。

再举另外一个例子：辛迪是某芯片厂的总工程师，但同时她也是产程标准制定小组的成员。不管是哪一个角色，她都对芯片厂的产出有所贡献。身为这个厂的总工程师，她从事的活动直接影响到这个厂的产出；而身为顾问小组的成员，她也因提供专业技术而增加了英特尔其他芯片厂的产出。

让我们再回到上一章的黑箱。如果我们将组织的运作比喻成一整组齿轮的运作，我们将更容易了解中层经理人怎么影响了组织的产出。在组织有危机时，他们献策献力，就像齿轮运作不顺畅时，他会加上几滴油；当然，他也能用聪明才智，指引整套机器运作无误。

你的日常工作到底是什么？

大多数人可能绞尽了脑汁还是很难回答这个问题。

我们真正做的事似乎很难用三言两语解释，而其中又有极大部分似乎是做了但看不到成果的——想想公司中好像根本不需要你这个位置？

会有这样的疑惑，部分是由于我们未能将活动和产出进行明确的区分。“活动”是我们日常真正在做的事，看起来有些烦琐；而“产出”则是我们的成就，与活动相比，当然就显得重要得多。

以外科医生来说，虽然他的产出——济世救人听来很伟大，但如果你知道他平常是这里刮刮、那里切切，再动动针线，好像也不是十分光鲜。

为了展示这些经理人到底在做什么，我以自己一天的日程表为例，描述并解释我从事的活动，并在括号中将它们分为不同的类别。

我的一天

【8：00～8：30】

◆ 与一位递了辞呈准备跳槽到别家公司的经理面谈：我倾听他的理由（信息收集），觉得应该可以把他留住。

◆ 于是我鼓励他再跟其他几位经理谈谈（给予提示）。

◆ 接着我决定也和这些经理谈谈这件事（决策）。

◆ 一位竞争对手打电话来：表面上他是为了一场即将举行的行业会议，但事实上他想知道我对整个行业状况的看法；同样，我也想从他身上得到一些东西（信息收集）。

【8：30～9：00】

◆ 看前一天下午收到的信件：我信手回了其中大约一半，有些回信表达了我的赞同或是不赞同，另有一些我提出了行动方案（给予提示）。

◆ 另外，我也否决了一个方案的继续执行（决策）。

◆ 当然，以上这几件事都牵涉到信息收集。

【9：00～12：00】

◆ 高级主管会议（公司内高级主管每周的例行会议），这次的主题包括：

- 总结上个月的订货状况和送货速度（信息收集）。
- 讨论如何为即将来临的年度计划排列先后次序（决策）。
- 总结一项营销方案目前进行的情况。我们在上一次会议中发现这个方案进展缓慢，需要重新讨论。这回我们发现它比上次有进步（信息收集）。
- 但在提案时还是有许多人有意见或者提供了建议（信息收集）。
- 讨论一条生产线的“制造流程缩减”方案。提案显示这个方案进展情况良好（只有信息收集，没有更进一步决定采取什么行动）。

【12：00～13：00】

◆ 在员工餐厅用餐，我碰巧和培训部门的人同桌。他向我抱怨很难找到我或是其他高级主管去参与海外分公司的培训课程（信息收集）。

◆ 我从来不知道有这件事。我在日程表中记下，同时也记得要对其他高级主管“提出警示”，对海外分公司的培训课程不要坐视不理。

【13：00～14：00】

◆ 参加一场有关产品品质问题的会议。会议的大部分时间用来了解这项特定产品目前的状况，以及已经采用了哪些修正的方案（信息收集）。

◆ 这场会议后我和部门主管达成共识，决定再次开始供货。

【14：00～16：00】

◆ 对新进员工演讲。高级主管通过这样的机会，向新进的专业人员描述公司的目标、历史以及管理系统等。我是这个系列主题的第一个演讲人。这很明显是“信息传递”。

◆ 我的演说使公司员工了解到我们有多么重视培训课程；而通过我回答新进人员问题的方式，他们可以了解公司的价值观。他们提出的问题也让我知道了一些平时很难接触到的员工的想法（信息收集）。

【16：00～16：45】

◆ 待在办公室，回电话。我否决了某位员工的加薪请求，因为这个请求实在太离谱（决策）。

◆ 决定开个会来决定哪些部门要搬到即将落成的

新厂（通过会议进行决策）。

【16：45～17：00】

◆ 和助理讨论下个星期需要参加哪些会议。助理告诉我，那些我不想参加的会议有什么替代方案。

【17：00～18：15】

◆ 看今天收到的信，其中包括一些进度报告。就像今早看信一样，这整个活动也包含信息收集，并做出提示性决策。

这样一天看下来，你大概很难看出有什么明显的模式。因为我处理事情的方法非常随意。我太太对我一天工作的评语是："跟我的也差不多嘛！"她其实说得没错。

我的一天通常结束在我觉得累并决定回家休息的时候，而不是事情做完的时候。

事情永远做不完。就像家庭主妇一样，经理人永远有忙不完的事——永远有更多的事要做，永远有更多事应该做，要做的事也永远超过你所能负荷的极限。

经理人必须有同时处理数件事情的能力，此外，还得知道何时该转移注意力，把精力放在当时最能促进整个组织产出的活动上。

换句话说，他必须了解哪些活动有最高的杠杆率。

你需要知道什么？

想必你已看到我一天中大部分的时间花在收集信息上，而且我用各种不同的方法去收集。

我平时看正式的报告和备忘录，但同时，不论是在与内部员工还是其他公司的人，甚至是与媒体记者谈话时，我也都不忘收集信息。尤其重要的是那些来自客户的抱怨——就算是“内部的客户”我都不敢忽视。

举例来说，我从来不会想要在英特尔的培训课程中缩短我回答员工问题的时间，因为我觉得如此一来便少了评估我身为内部“供货商”的绩效的机会。顾客或员工之所以抱怨，是因为他们希望有些事能改进；注意听他们的抱怨，你能得到很多有效的信息。这点必须要牢牢记住——虽然不见得我们要“随着顾客的申诉起舞”。

我必须承认，不仅对我，而且是对大多数的经理人而言，最重要的信息往往来自简短而非正式的谈话。这种信息的传递速度往往也比任何一种书面报告或是小纸条快。而信息的价值，通常也和其时效有绝对的关联。

既然书面报告在时效性上略逊一筹，为什么我们还需要书面报告呢？它们的作用在于建立数据文件、过滤并确认纷至沓来的各种信息，且要避免有任何漏网之鱼。但相较于口头交谈，书面报告通常有另一个完全不同的功能。

在写报告时，经理人必须以比口头报告更明确的方式表达他的意见。因此，书面报告的价值在于提案人必须对自己的问题或方案进行更严格的审视。书面报告用来表示一个人的自律，远胜于它在传递信息上的作用。

类似的情况还有很多。就像我们后面会看到的，年度计划的“准备过程”往往就是结果。同样，资本支出授权（capital authorization）重在过程而非“授权”。为了准备一项资本开支请求的提案，你通常必须经过一大堆分析并运用一些手段，以确定及说服其他人相信提案的必要性，这整件事的价值在于激活这些人的思考。正式的认可之所以有用，就在于它强迫每个人在过程中必须自律。

要增强并且维持你吸收信息的能力，你必须先了解能获取信息的途径有哪些。信息也分不同的层级。口头信息虽然最有价值，但它们通常只能提供概括的、不完整的且有时不甚准确的信息。就像报纸上的标题，只能告诉你一个大概的情况，并无法告诉你详情，有时甚至会让你产生误解。所以你必须更进一步地去看这篇报道的内容，才能知道“五何”——何人、何事、何时、何处以及为何。经过这些理解，你才能够有一套自己的看法。

你绝对不能只靠某一种特定的信息来源。就像从杂志上你可能会读到最有深度的报道，但你经常等不了那么久。你的信息来源彼此间应该有互补，有时候信息内容可能重复，但你也因此可以前后对照信息的正确性。

有一个极有效的收集信息的方法经常被经理人忽视——不时地在公司中走动走动。

为什么要这么做？想一想当有人走进一个经理的办公室时所发生的情况。通常这个经理必须停下手头的工作，和这个人先闲聊一下再进入正题，一场30分钟的会议真正触及问题核心的时间可能只有两分钟。但如果这个经理平时经常在公司里走动，有正事和经理谈的下属就可以在经理走过时马上提出问题，而经理也能马上回复，这个方法的效率及效果非常明显。

那为什么大部分经理人不采用走动的方法呢？因为他们觉得没事走到下属的身边很奇怪。在英特尔，我们克服这个问题的“绝招”是用“障眼法”——我们设计出一些“正事”让经理人必须在公司里走动，同时达到收集信息的目的。举个例子，我们要求公司内的经理担任“清洁周”的评审，因此他们必须去到一些他们平时不常去的地方，而在到处走动的过程中，他们便能收集到从实验室到安全部门的第一手信息。

从这样的安排中你可以看到，经理人不但收集信息，同时也是信息的来源。他必须将他所知的信息传递给他的下属以及影响力所及的部门。除了告诉他们一些既成的事实，经理人还必须告诉下属他的目标、优先的事项以及做事的方式。这一点极为重要，因为唯有经过这样的沟通，下属的工作才能得到上司的肯定。将目标明确地与下属沟通，加上告诉下属有效率的办事方式，正是“授权”能否成功的关键环节。走动沟通还有许多好处，对公司来说，一个大家都认同的企业文化绝对有其必要性。一个明智的企业员工的做事方式自会与企业文化保持一致，如果大家都认同公司的企业文化，经理人常常能省下制定繁文缛节的时间和精力。

决策

另一种重要的管理活动当然是“决策”。有时候我们自己做决策，但多数时候我们只是参与决策。有时我们提供事实或只是提供自己的意见，有时我们讨论各个可行方案的利弊以确保决策的正确性。有时我们则必须对已经做出或即将产生的决策进行检讨，说不定还得投下否决票。

至于决策到底应该如何制定，我们过会儿再谈。现在我们先来看决策的形式。

决策基本上可分为两种，第一种是“未雨绸缪型”——像之前提到的资本支出授权，我们将公司资源依据未来将要进行的事情做适当分配；第二种是“亡羊补牢型”——这种决策是为应对公司中可能正在产生或是已经产生的某种问题——从品质管理有了瑕疵，到某个员工想离职。

非常明显，你对一件事情的了解程度将会影响你的决策，这便是收集信息对一个经理人如此重要的原因。

所有其他的管理活动——诸如传递信息、制定决策或是做你下属的学习对象，都是以你所拥有的信息为基础。这些信息有可能是你所知道的有哪些事该做，或哪些问题需要解决。但总而言之，所有的管理活动都根植于信息的获取上，这也是我选择花上大半天时间做这件事情的原因。有时候你的一些活动只是用来“稍微”地影响事情的进行。也许你只是打个电话建议你的同事该怎么做比较好，或者只是留张小纸条告诉他你观察到的市场状况，或者是在口头报告中提出你的意见。

诸如以上种种，你都只是在建议一件事该怎么做，但事实上你并没有真正地下什么指令。我们将这些称为“给予提示”，因为这种行为不只在传递信息，同时还在设法将事情或者人引导到你觉得对的方向上。这往往是会让我们花去大把时间的重要管理活动。它和“制定决策”不同的地方在于，“制定决策”经常会有明确的方向与结果，而“给予提示”则不然。在现实生活中，为了要制定出明确的决策，经理人通常得先给出好几次提示。

做好下属的表率

最后，我们谈一件可能不太明显，但身为经理人一天到晚都在做的事——当别人学习的对象。我们如何行事，常常会成为下属、同事，甚至你的上司的标杆。有关经理人必须建立的领导风格的论述已经太多，我不再赘述。我想说的是，“言传不如身教”。以上提到的管理活动，任何单独一个都无法成就你的领导风格。价值观和行事规范很难简单地说出来或是写在纸上，最好的方法就是“做”，还要做得“让人看得到”！

所有的经理人都该知道怎么用他自己的那一套做法发挥他的影响力，而且要让别人看得到。有些人喜欢在大庭广众之下高谈阔论，有些人则喜欢私下里一对一交谈。这些领导风格只有在我们认定自己是别人的表率的前提下才会管用。

我以上所提的并不仅限于大企业。一个小镇的保险业务经理在打私人电话的同时，也传达给他的下属“上班时可以打私人电话”的信息；一个律师在午餐时间喝醉酒后回到办公室，同样对办公室的人起了不良的示范作用。但相反的是，不管在大公司还是小公司，一个经理人如果做事认真，对周围的人也会有巨大的影响。

经理人的工作有大部分是在分配人力、金钱或者资产等资源，但其中最重要而且每天例行的工作便是调配自己的时间。理论上，我们永远可以设法得到更多的人力、金钱或者资本，但一个人每天只有 24 小时，不多也不少。因此，该如何运用时间便成为极重要的课题。以我的观点，如何运用时间甚至是一个人能否成为领导者或模范的最重要的一点。

你可以算出我一天中大约参与了 25 项活动，大部分是收集或传递信息，当然也有制定决策和给予提示。你也可以算出大约有 2/3 的时间，我花在了开各种各样的会议上。在你还没被这个数字吓到之前，先回答我这个问题："在收集信息、传递信息、制定决策、给予提示以及为人表率这几项管理活动中，有哪一项我可以不靠开会达成？"答案是"没有"。会议为经理人提供了从事其管理活动的场合，但会议本身并非"活动"，它只是个"媒介"。

媒介可能是开会，可能是张小纸条，甚至可能是公司的扩音器。你所在意的是必须找到最有效的媒介以完成任务，这就等于如何找到最具"杠杆率"的活动。

什么是高杠杆率？

我们已经了解，一个经理人的产出，等于他直接管辖和影响力所及的组织产出的总和。那么，一个经理人如何才能增加他的产出？"杠杆率"这个概念可以给我们答案。我们将杠杆率定义为"各单项管理活动所带来的产出"，由此，我们便可以列出以下等式：

经理人的产出 = 组织产出的总和 = 杠杆率 A × 管理活动 A ＋杠杆率 B× 管理活动 B……

在这个等式中，经理人所从事的每一项管理活动（管理活动 A、B……）对整个组织都有或多或少的影响，而对整个产出的影响有多大，则取决于这项活动的杠杆率大小。一个经理人的产出便是这些乘积的加总。显而易见，为了有较高的产出，经理人应该把精力放在杠杆率较高的活动上。

经理人的生产力即其每个单位时间的产出，可通过以下三种方法来增加：

1. 加快每一项活动进行的速度。
2. 提高每一项活动的杠杆率。
3. 调整管理活动的组合，摒除低杠杆率的活动，代之以高杠杆率的活动。

在此，我们先从各种不同的管理活动的杠杆率谈起。要达成高杠杆率，大致上有以下三种情况：

1. 当一个经理人可以同时影响很多人时。
2. 当一个经理人的一个简单的动作或一段简短的话，可以对别人产生深远的影响时。

3. 当一个经理人所提供的技术、知识或信息，会对一群人的工作产生影响时。

在这三个方法中，第一个方法最容易理解。举个例子，罗宾是英特尔的财务经理，负责公司每年的年度财务计划。在她事先列出每个阶段需要收集的信息以及谁该负责哪些事情时，她就已经影响到了参与这项计划的人，可能在 200 人左右。

如果她事先便仔细考虑，她可以为接下来参与这项计划的经理人省去不必要的困扰（诸如所要求的项目不明确），进而省下很多的时间。她的工作对提升整个组织的生产力有所贡献，也因此有很大的杠杆率。

但到底这个杠杆率有多大，则在于她“何时”从事这项活动。很明显，事先便计划好要比后来才亡羊补牢地向其他经理人解释这、要求那有更高的杠杆率。

以下是另外一个有关杠杆率和时效的例子。当你知道有个极有潜力的员工决定辞职时，如果你想让他回心转意，最好赶快想办法找他谈谈。如果拖延，你的胜算就会降低。所以，为了提高管理活动的杠杆率，你一定得把“时效”的重要性铭记在心。

另外也请记住：杠杆率也有可能是“负”的——有一些管理活动只会减少组织的产出。

如果我是一个会议的关键人物，而我没做准备就到达会场，这场会议不仅会因我的粗心而浪费其他与会人的时间（这是直接成本），而且还会剥夺他们在这段时间做其他事情的机会（可观的间接成本）。

经理人每次传授知识、技能或价值观给下属，都是高杠杆率的活动，尤其当这些人再将他们所学到的传授给其他人时。

但同样，杠杆率并不一定是正的。以我对新员工的演讲为例，我当然希望这个活动的杠杆率高且助益良多。在两个小时的课程中，我将有关英特尔的历史、目标、价值观以及管理风格等信息传递给大约 200 个新员工。

除此之外，我也通过回答问题的方式，传达整个公司解决问题的态度。在这些员工对公司最具热忱的时候，这些活动的效果最佳，杠杆率也因此提高。

关于杠杆率我还有另一个例子。芭芭拉是英特尔的营销工程师，她负责训练一批业务代表，使他们熟悉公司的产品线。如果她做好她的工作，这批业务代表在真正上阵时便会觉得“装备齐全，虎虎生威”；反之，他们则可能铩羽而归。

最后一个例子是我们先前提到过的辛迪。她所在的小组负责将某些特殊的科技手段传授给公司内的生产部门。于是，她便让这个小组充当一个非正式的培训机构，以提高其他部门活动的杠杆率。

简单动作影响大

经理人也能通过一些不太费时但会对别人产生深远影响的活动来展现高杠杆率，业绩评估便是一个很好的例子。一个经理人只要花上几个小时做好这项功课，便会对相关人员产生极大的影响。

当然，在此，管理活动的杠杆率可能是正的也可能是负的。他的评估报告可能会激励下属并促使其调整努力的方向；但也可能影响到下属的士气，甚至让这个下属一蹶不振。

建立索引目录卡看似琐碎，但对提高每日工作的效率却有显著功效。建立起诸如此类的“管理小帮手”，通常只是一开始时有点小麻烦，但一旦建立起来，对经理人生产力的影响便极为长远。因此，这样的管理活动也有极高的杠杆率。

杠杆率降到“负”值的例子其实也不胜枚举。有一个英特尔经理在做完年度计划后发现，即使他在前一年千辛万苦降低了成本，他的部门在未来一年内还是不可能赚钱。于是他变得十分沮丧，并马上影响到周围的人，很快整个部门都笼罩在一片愁云惨雾中。而他并没有注意到这个情况，直到有个下属告诉他，他才发现问题严重，并赶忙重振士气。

负杠杆率的另外一个例子是“举棋不定”：一个经理人如果拖延了决策，通常会影响到其他人的工作。事实上，拖延决策经常等于做了一个错误的决策。绿灯不亮就表示仍然是红灯，而整个组织的工作可能因为拖延决策而停顿。

从以上的例子可知，“愁云惨雾”和“举棋不定”这两种经理人都会有很高的负杠杆率。如果只是业务培训没做好，再糟糕也不过是重新开办培训课程。但如果是士气不振或是拖延决策这样的情况就难救了，因为它们对一个组织的影响极为广泛又难以捉摸。

上级干涉是另一种常见的负杠杆率活动。这种情况通常是经理人利用他们的职权或经验，过度参与下属的工作，因此剥夺了下属实际执行的机会。举个例子，一个资深的经理看到一项指标显示了一个不好的趋势，于是他设计好一套详细的活动方案交给原先的负责人——这就是上级干涉。

通常来说，上级干涉表示上级用了太多技能性的指令（不管他是不是真的懂）。负杠杆率的产生来自这样的情况发生得太频繁时，下属可能因此变得畏首畏尾，渐渐失去了解决问题的直觉，并转而求助其上司。在这样的循环下，整个组织的产出必将减少，上级干涉理所当然地便是负杠杆率活动。

专家的影响力

第三种高杠杆率的活动是一个有特殊技能或知识的人，对其他人产生影响。英特尔负责定价的营销工程师便扮演着这样的角色。

因为他如果把价格定得太高，好几百个业务人员就会受到负面影响——不管他们多么努力，产品还是卖不出去。当然，如果价格定得太低，又无异于在做赔本生意。再举另一个例子。有一个英特尔的产品开发工程师，他对某一套特定的制造流程有极为深刻的了解。因为这套流程会成为其他产品设计师工作的基础，这个产品开发工程师便掌控着极大的杠杆率。

同样的情形，你也可以在石油公司的地质专家以及保险公司的精算师身上发现。这些都是专家对整个组织产生影响的例子。这些专家不管是拥有专门的知识、技术，还是对趋势、市场状况有独到见解，都能对其他人产生极大影响，其活动也因而有高杠杆率。

管理的艺术在于如何在那么多看似都很重要的活动中，挑出一两项甚至三项最重要的，然后全心全意地去做。对我而言，留心顾客的抱怨具有极高的杠杆率。

除了让顾客高兴，它通常也提供给我一些重要的工作指示。这样的抱怨可能不胜枚举，虽然都需要有人负责查明原因进而解决，但不见得每次都需要我亲自出马。至于哪些抱怨值得好好地追究、分析，这就是管理工作的艺术了。而这一艺术的基础便是一种能洞察出哪种抱怨较为严重的直觉。

授权也有杠杆率

因为经理人的时间随着其层级不同而有不同价值，授权遂成为管理中重要的一环。“授权人”和“被授权人”间的关系有一个必要条件：这两者必须有相同的信息基础，同时在开展工作和解决问题上有一套彼此认同的方法。这个必要条件经常被忽略。如果这两者间没有一些相同之处，那么只有另定繁文缛节，这个“被授权人”才有可能成为称职的代理人。但就像我们在谈“上级干涉”时提到的，繁文缛节通常会降低活动的杠杆率。

试着想象以下画面：我是你的上司，我走进你的办公室，手里拿着一支笔，我要你来拿这支笔，你伸手来拿，但我不放手。然后我开口说：“你怎么搞的？给你一支笔有这么难吗？”

我们都有这样的问题，即并不想真正把工作交给别人，因为我们喜欢自己做，不愿假手他人。就管理效率而言，这并不一定不好。你是在深思之后知道，即使这些事可以授权他人，你还是喜欢自己做。你必须确定自己在做什么，并且避免若有似无的授权。如果你的被授权人猜不透自己是否已被授权或不明白被授权的范围，将会产生极高的负杠杆率。

如果有机会，你愿意把你熟悉的工作或不熟悉的工作授权给别人吗？在回答这个问题之前，先考虑以下准则：没有完备监督计划的授权等于渎职。你绝对不能完全地抽身，即使你已经授权，你还是得负成败责任。全程监督整个被授权的工作是确保结果尽如人意的唯一方法。监督不是干涉，而是通过不时地检查，来确定活动的进行一如预期。因为监督你熟悉的工作比较容易，所以如果有机会，你应该把自己熟悉的工作授权给他人。但切记先前举的例子——理智叫你松手，但情感上你可能不太愿意。

现在请翻回到前面“我的一天”日程表。在高级主管会议中，我听了两个有关项目如何发展的后续提案。其中之一是一个极为重要的营销个案的现状，另一个则是如何缩短工艺的项目进度。以上两个都是“监督”的例子。首先，我们将这两个项目各指派给一位中层经理，并确定高级主管和这两位经理对项目达成了共识。然后这两位经理就分头去着手做，并定期向高级主管——也就是当初将项目授权给他们的人汇报。

监督原则

监督授权的方法其实和我们先前提到的品质管理极为类似。我们应该应用之前学到的原则，在产品价值最低时就进行监督。举例来说，你若交代下属写一篇报告，应该在他打好草稿之后便拿来看，不要等他花了大把时间把报告弄得漂漂亮亮之后，才发现其中有错误。第二项原则是设定检查的频率。你应该不定期抽查，并且对不同的下属使用不同的采样方法。至于你抽查的频率，则应以员工对授权项目的熟悉度而定。

在此需特别注意的是，所谓的“工作成熟度”（task-relevant maturity）是指其对特定项目的经验或熟悉度，而非对一般事情而言，这点我会在第 12 章进行更深入的剖析。在你的下属渐入佳境后，你便可以降低监督的频率。

要有效运用质量管理的原则，经理人应该不定期地深入了解细节，而且在次数上应该“不扰民”，以确保项目以合理速度进行为限。深入所有细节，就好像在制造流程的最后检测所有的产品一样。

要下属做某些特定种类的决策通常是上司授权的项目之一。怎样才能让这类授权有理想的结果呢？你可以监督他们制定决策的过程。但这又要怎么做呢？让我们以英特尔审核设备采购提案所需的流程来说明做法。

我们会要求下属在提出设备采购提案之前先将细节想清楚。接着，我们通过问他有关采购的重要问题，来检测他是不是真的仔细考虑过。

如果他的回答很有说服力，我们便会通过此提案。这套技巧让督察的人不用一一深入细节便能确保决策的品质。

提高管理活动的速度

当然，增加经理人产出的最明显的方法，便是提高其工作的速度。其中的关系，我们可用以下等式表示：

$$\frac{\text{经理人的产出}}{\text{时间}}=\frac{\text{管理活动}}{\text{时间}}\times \text{杠杆率}$$

最常被用来提升经理人生产力（即他的“产出除以时间”）的方法是时间管理。在以上等式中，便是将分母减小。所有的管理顾问都会告诉你，提高生产力的方法是：一件事不要做两次，只开“站着开”的会（以此不会开太长），然后把办公桌挪到背对门口的位置（以此减少干扰）。这些时间管理的技巧，都可以通过应用我前面提到的生产管理原则而更臻完美：

1. 找出限制步骤

首先，我们要找出“限制步骤”——有一些活动对经理人而言是非做不可的，在日程中一定要排进去。对我而言，为新员工讲课便是其中一项。我知道该什么时间来授课，也知道授课前必须有所准备。这个时间没什么好商量的，因为有 200 个新员工到时会坐在那里等我上课。因此，我必须将这次课当作限制步骤，并以它为主来做规划。简而言之，如果我们能找出哪些事动不得，再将其他活动围绕这些重要性高的事来规划，我们的工作就会更有效率。

2. 类似工作集中在一起做

第二个可以用在经理人工作上的生产管理原则是：将类似的工作集中在一起做。所有的制造作业都需要一定的装配准备时间，同样，要让管理工作进行得顺畅且有效率，我们在进行一堆类似的工作之前，也需要一些准备时间。回想我们用来生产高品质的煮了3分钟的鸡蛋的煮蛋机，如果我们决定从现在开始，供应给客人煮了4分钟的鸡蛋，我们便必须减慢输送带的速度，让蛋能在热水里多煮1分钟。这样的调整需要花时间，因为我们不但要调整机器，还要多花时间检验这批新产品的品质。

减少"准备时间"的例子，在经理人的工作中有很多。比如，一旦我们找好了培训课用的图表，如果能将其运用在其他的课程或者会议中，很明显地，我们便提高了生产力。类似的情况，如果有个经理手上有一堆报告等着他看，或是有一堆业绩评估等着他审核，他就最好腾出一段时间，心无旁骛地逐件阅读，如此，他在"思考活动"上的准备时间便能减少。

3. 安排好你的日程表

工厂和修理厂的运作有何不同之处？后者通常是向有事才登门的顾客提供服务，一件事情处理完后再处理下一件；而工厂则通常靠预测。以我的经验，管理工作中的大部分也可以靠预测。因此，为了避免现实生活中管理工作的琐碎感觉，将你的计划按照你所能预测的部分来拟订将事半功倍。这其实和有效率地运作一个工厂的理念相同。而经理人预测时借助的媒介是什么？答案非常简单——他的日程表。

多数人只是把日程表当成储存“该做什么事”的仓库：有人扔过来一件事，告诉一位经理某日某时该做什么事、该开什么会，然后这些事情就马上出现在他的日程表中。这样实在是非常被动。为了能对时间有更好的掌握，经理人应将日程表当成规划生产流程的工具。主动地找出限制步骤，然后再将其他较不重要的活动安插进去。在把日程表当成生产计划工具之前，你必须明确两点：

首先，你必须活用日程表。在排定了“一定要在某个时间做”的事情后，再将“重要但不太紧急”的事项插进空隙。

其次，对于超过你工作负荷的事，你必须说“不”！在一发现某事做不了时就说“不”是很重要的。先前我们已经学到，如果到了产品经过加工，有了较高价值之后，才发现产能上不能负荷而必须废弃，将会造成更多的时间以及金钱上的损失。所以，你应该明确地表示不行或者婉言拒绝。因为如果你接下了一件事而到后来没法交差，其结果还是与一开始就说“不”一样，甚至更糟。

我们甚至可以应用“弹性空间”的生产准则——不要

把你的日程表排得太紧凑。高速公路的工程师在设计时，便知道每段道路最大的车流量是多少。虽然少点车在路上跑好像没有发挥其最大功效，但是如果这段高速公路只按照现今的车流量设计，那么以后这段路一旦繁忙起来，整条路就会变成停车场。现在我们在高速公路出口的匝道处所看到的信号，便是一个亡羊补牢的方法，以控制高速公路上的车流量。这种做法同样能应用在管理工作上。你必须预留一些时间，以应对不速之客或者非预期的电话，避免一天的日程太忙乱。

千万记住，你的时间有限，在接下一项任务时，你同时也拒绝了另外一项任务。

4. 建立指标

在此，另一个生产管理的准则——建立指标——可以派上用场。生产线上的人信赖他们所建立的指标，如果生产线已经达到最大的负荷量，他们便不会再输进任何原料。如果他们蛮干，便会产生问题。所以他们在一开始就会对原料的输入进行控制，以免让整个系统超负荷。

办公室的中层或其他经理人可能会因为找不到负荷量的指标，或是觉得指标的可信度太低，而觉得这个原则难以应用。但其实该花多少时间读一封信，或是写一篇报告，或是和同事开会，即使你没有精确的答案，心里也总会有个底。你应该应用在这方面练就的直觉来规划你的工作。

5. 存货法

另外一个我们要应用的生产管理的准则是建立“存货”。但这里所指的“存货”，和在生产管理中提到的不太一样。一个经理人必须有一些“项目”的存货。不要把此存货和早餐店里的生鸡蛋混为一谈。因为厨房里的蛋放久了会变臭变坏，而我这里指的项目的存货，是那些你并不急着完成的项目，比如一些用来提高部门长期生产力的项目。如果没有这种项目的存货，这个经理人可能一有空当，就想去干涉下属的工作。

6. 标准化

最后一个要谈到的生产管理原则是“标准化”。如我们所知，生产的流程一旦设定，或经过以往的试验发现有效率后，便不会任意改变。

但在经理人身上，你总能发现他们经常在用不同方法处理同样的事情。我们应该设法让处理相同事情的方法更趋一致。当然，我们也不要因此扼杀了思考的空间。在建立标准化的行事程序的同时，我们应该继续因时制宜地想想有没有更好的方法。

你应该有多少个下属？

管理杠杆率中有个重要变量是“下属的人数”。

如果下属人数不够，很明显，经理人的杠杆率就会降低；而如果太多，同样也没有效率。根据经验，如果负责“带人”是这个经理人的主要任务，那么他大约应有 6～8 个下属。3～4 个太少，10 个又太多。这个数字是以经理人大约在一星期内需要花半天时间在一个下属身上为条件计算的。（如果他在一个下属身上一周花上两天，可能会有“干涉”之嫌；而如果一个下属只分到一个小时，那么在会面时他可能连正事的边儿都沾不上。）

这个“6～8 个下属”的配置适用于传统组织架构中负责“带人”的经理。那么属于决策支持的技术顾问又该有几个下属？就算他连一个助理都没有，他事实上还是有下属的——比如他服务的内部客户。想想看，这些内部的部门可能一周内就要花掉这个顾问半天以上的时间与他讨论如何规划、协调等等，因此当然可以算成他的下属。所以，不管是分层级的经理还是咨询顾问，都应该切记这个“6～8 个下属”的原则。

但企业也可能因为组织架构的关系，难以达成理想的“6～8 个下属”的分配比例。一家制造工厂可能同时有工程部和生产部。在以下的例子中，只有两个人应该直接向这家工厂的厂长报告。而这个厂长可能又兼任总工程师。

换句话说，生产部经理还是得向厂长报告，但厂长可能会直接管理工程部的人。所以实际上有 6 个人直接归这个厂长管理（见图 3–1）：1 个生产经理和 5 个工程师。在这样的组织架构中，工程师的层级仍旧比生产经理低——虽然他们可能都渴望得到这个职位。

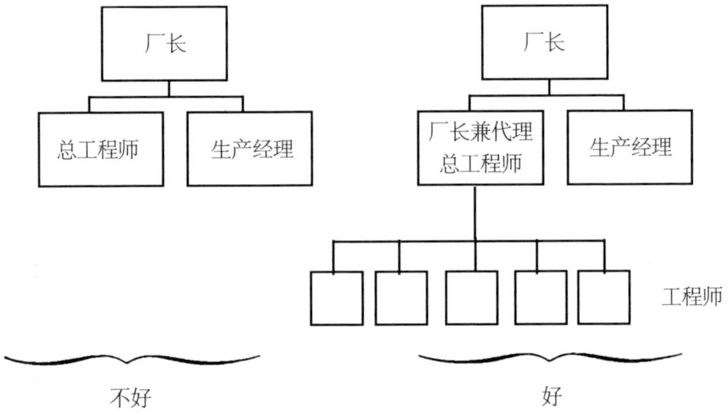

图 3–1　适当的组织架构

干扰与突发状况

接下来要谈的一个重要的生产概念就是“规律化”（regularity）。如果餐厅的顾客永远按照固定频率上门，没有淡旺季，厨房的工作将会更有效率。虽然我们不能控制消费者的习惯，但我们应该尽可能让工作量不要有太大的起伏。

经理人的工作最好像制造工厂（预测生意，做好准备），而不是修车厂（只能等着生意上门）。你应该尽量避免走走停停或是被紧急情况干扰。当然，意外在所难免，但我们应能通过组织在这个黑箱上“开窗”的方式，看出哪些事情可能会在未来造成麻烦，找出这些“定时炸弹”。你大可以在适当的时机设法解决问题，而不是等到危机出现时一脸茫然，措手不及。

由于经理人的工作有一大部分需要与其他经理人沟通协调，所以只有在其他经理人也有与你同样的想法时，“规律化”才有可能实现。而经理人有了共识后，在同样的时段里，大家就应该只做类似的活动。

在英特尔，星期一早上是所有企划人员开会的时间。因此，企划人员知道如果有其他会议需要安排，应该避开星期一上午。

有一次，我们请了大约 20 位英特尔中层经理人参与一项实验。实验中，我们将他们两两配对并进行角色扮演。一个仍是经理，他苦思着到底是什么限制了他的产出；另一个则扮演协助他分析问题并找出可行解决方案的顾问。

最常被经理人提出来的问题是那些“不速之客”——各式各样难以控制的干扰。不论是实际带人的经理还是咨询顾问，都有同样的问题，每个人都觉得这些“不速之客”干扰了他“分内”的工作。通常，这些干扰都来自经理人的下属，或虽非直接受他管辖，但职务上会受其影响的人。对负责制造的经理人而言，干扰可能来自生产作业人员、营销人员，甚至是外面的顾客。

实验中顾问们提出来的解决方案多半不切实际。提得最多的是“找个地方躲起来，这样一来便有属于自己的时间”。这不是一个令人满意的答案。因为这些来“干扰”的人显然是“无事不登三宝殿”，如果经理人用各种方法“躲起来”避免干扰，问题只会越来越多。还有一种方法也常被提到——“叫这些人在某些时段不要打电话来”，这招也高明不到哪儿去。

解决的良方

在此我要献上解决的良方。我们可以应用生产管理的概念——“标准产品”来解决此困扰。如同制造商供应标准产品，你在管理工作上也可以针对经常碰到的问题准备好标准答案。通常，经理人的“顾客”——他的下属或其他部门的人，不会一天到晚总有新问题。因此，如果经理人能设法将常见的问题归类，并准备好答案，便能减少处理问题的时间。当然，既然能准备好答案，就表示经理人可以将其授权给其他下属来处理。

除此之外，我们也可以运用先前提到的“将类似的事情集中在一起做”的生产管理准则。很多问题可以留至部门会议或是“一对一”会议时再一起处理。如果这样的会议按时举办，当你要求下属将问题集中到开会时再提，他们应该不会向你抱怨。这样一来，你就能减少不少干扰。

此外，运用“指标”——尤其是长期以来建立的指标，也可以减少经理人处理干扰的时间。回答一个问题的快慢，取决于他要花多少时间找到相关的信息。如果这个经理人已建立了一个数据库，他便不会在每次有人丢来问题时手忙脚乱。

如果干扰你的人知道他们对你造成了不便，他们也许就会自律一点，不会一有鸡毛蒜皮的小事就如火烧眉毛般地来找你。经理人同时应该要求那些经常登门造访的“顾客”先想想有些事是不是可以先等一等。他可以在办公室门上挂出“免战牌”：“我要处理一些事。除非你真要挂急诊，否则在下午两点以前敝人不应诊。”然后再列出一些时间，告诉这些“顾客”有任何问题都可以在那时上门。

这个问题的关键是：你的“顾客”也是有事才来相求。但你可以想办法避免干扰，化不规律为规律。为他们提供一些多元的“就诊途径”（诸如开会或找个特别的时间）来处理他们的问题。

在此我们学到的要点是：建立起处理问题的模式。在制造生产上，“化不规律为规律”是最基本的准则。在处理那些让你效率降低的干扰时也可以使用这个准则。

第 4 章

管理的必经之路：开会

你绝对无法避免开会，但你可以让会议更有效率。

开会这事几乎是恶名昭彰。有一派管理学者认为经理人逃不过开会这一关。

曾有人做过研究，发现经理人将超过 50% 的时间用在了开会上，并且暗指这是浪费时间。管理大师德鲁克也曾说，如果一个经理人将超过 25% 的时间用在开会上，这个组织就有问题；威廉·怀特在他所著的《组织人》(*The Organization Man*) 一书中，也将会议描述为经理人必须忍受的、没有丝毫贡献的劳力工作。

但也有一派学者对开会持不同看法。早先我们提到过，中层经理人工作中很重要的一部分是提供信息与技术，并且将较理想的行事方法传授给受他管理或影响的人；另外，经理人也必须制定决策，或者帮助别人制定决策。而这两种职责，都必须面对面开个会才能履行。

因此，我必须重申：会议是从事管理工作必需的媒介。你绝对无法避免开会，但你能让会议更有效率。

以上提到两种不同经理人的职责，也因而造就出两种不同性质的会议。第一种是关于知识技能与信息交流的，我们称之为“过程导向”会议，通常属于例行性的；第二种则是为了解决某些特定的问题，我们称之为“任务导向”会议，在这样的会议中，通常会有一些决策产生。后一种会议举行的时间不定期，因为我们很难预测在什么时间、什么环节会出问题。

过程导向会议

“规律化”是提升此类会议效率最好的方法。换句话说，与会的人都已经明白会议进行的方式、需要讨论的议题以及需要达成的目标。会议的设计，应该能让经理人将同种性质的管理工作聚集在一起，以减少准备时间。

当会议形成规律之后，参与会议的人就能预测会议所需的时间，在每个经理的生产控制系统上（即在他们的日程表上）也就能有明确的记载，不会因为太多的不确定性或变动对生产造成太大影响。

在英特尔，过程导向会议又可分为以下三类：一对一会议、部门会议以及运营总结会议。

◆ 一对一会议

在英特尔，一对一会议通常是由经理人召集他的下属召开的，这也是维系双方从属关系最主要的方法。一对一会议主要的目的在于互通信息以及彼此学习。经过对特定事项的讨论，上司可以将其技能以及经验传授给下属，并同时建议他切入问题的方式；而下属也能就工作中碰到的问题向上司进行汇报。就我所知，其他公司很少定期举行一对一会议。

我曾经问过其他公司的经理有关一对一会议的频率，通常得到的答案是："我和下属（上司）开会不需要特别安排时间……我们在公司里随时都能见面。"但一对一会议和上司与下属在公司里偶尔碰个面，或应对特定议题的任务导向会议，是大不相同的情境。

在英特尔草创时期，我负责管理工程部门和制造部门。由于之前的工作经验都在半导体研制上，因此，我对公司中最主要的产品线——内存设备的一些制造窍门几乎一无所知。

所以我请受我管理的工程部和制造部门主管私下帮我

恶补一番。在这样的会议中，下属努力地教，上司也拼命地学。随着英特尔的成长，这种会议的精神也被发扬光大。

谁应该开这种一对一会议呢？在某些情况下，一个经理人也许应该要求每一个受他管理的下属都出席会议，但这不在我们现在讨论的范围内。我现在谈的是上司和直接向他报告的下属之间的会议。

一对一会议该多久开一次，或者换个角度来说，你该如何决定与某甲或某乙多久开一次一对一会议？答案在于这个下属对工作的熟悉度。他对手上这项特定工作到底有多少经验？要特别注意，这里所指的经验并不是一般概括性的经验。有效率的管理是根据下属对工作的熟悉度进行不同程度的掌控。如果他处理的是新项目，你应该提高和他开会的频率（也许一周一次）；反之，如果他对这个项目已经游刃有余，你可能一个月和他开一次会就够了。

另外一个你必须考虑的因素，则是在这项特定工作中事情变化的速度。

举个例子，营销部门的开会频率可能要高于研发部门，因为市场瞬息万变；而研发人员在有了一定的工作熟悉度后，通常较能独立作业。

一对一会议应该开多久我没有明确的答案，但你必须让下属觉得时间充足到能提出一些棘手的问题。试想，如果你碰到一个问题想和上司讨论，他对这个问题的关心度应该仅次于你，但会议预计只开 15 分钟，在这样的状况下，下属大概连提都不想提。我觉得一对一会议最少要开 1 小时，短于 1 小时的会，将使你的下属只能提一些容易解决的问题。

这种会议该在你的办公室还是下属的办公室举行呢，还是你们应该另找一间会议室？我的建议是在他的办公室，或至少离他比较近的地方。借着到他的办公室，你可以顺便了解其他情况，例如他做事是不是很有条理，他会不会花很多时间找东西，他在开会时是不是一直有人或电话干扰，他做事切入的方式如何。

你必须将一对一会议视为下属的会议，应该由他负责会议议程以及掌控会议的气氛。会议总得有人负责准备。如果一个经理人有 8 个下属，而准备的责任在他，他便必须准备 8 次；但责任若在下属，他们每一个人只要准备一次。

因此下属是负责准备一对一会议的最佳人选。除此之外，下属还应准备一份会议纲要，这很重要，因为这会促使他事先仔细考虑一下要提出来讨论的议题。而且有了纲要，上司也可以在一开始就知道要讨论哪些事项，以便设定好会议的步调。这份纲要还能让下属知道有哪些相关资料必须事先准备好，并在会议中让上司了解。

◆ 上司的角色

有哪些问题应该在一对一会议中讨论？会议可以从一些

绩效数字，或是下属用来作为指标的订单量、生产量、项目进度等开始。

有问题的指标应该特别加以关注。会议应该同时涵盖前次会议之后发生的任何重要事情，无论是人员招聘还是一般人事、组织的问题，或是关乎未来的规则等都可以拿出来讨论。

重要的是下属应负责提出潜在的问题。虽然问题可能不明显，但下属只要感觉事情有可能出错，就应该让上司知道。因为经理人可以趁机在组织的黑箱上开几扇窗，一探究竟。那些让下属觉得心烦或是不知如何着手的事，便是会议中需要讨论的事。通常，这种问题都不明显，要花些时间才会摆上桌面。

上司在一对一会议中应该扮演什么样的角色？他应该是个协调者，让下属能畅言自己的工作状况或有什么不顺的情形。上司集学生和教练的角色于一身。德鲁克曾对经理人在这方面的职责下过很好的定义："善用时间的经理人不必告诉下属他们的问题——但他知道怎么让下属将他们的问题告诉他。"

这要如何做到呢？你可以套用我的秘诀：再多问一个问题。

当经理人觉得下属已经讲完他想说的话时，应该再多问一个问题，通过发问，让双方的思想进行交流，直到彼此都

觉得已经“知无不言，言无不尽”。了

我还要提供另一些让一对一会议更有效率的招数：

1. 上司和下属都应该提前拿到会议纲要，并且都应在会议中做笔记。这有几个目的。我几乎在任何场合都会做笔记，而且经常是做完了就不再看第二遍。这主要是为了让我在会议中集中精神，并消化我所吸收的信息。通过在会议上做笔记，我强迫自己将信息按照逻辑方式分类，因而能更有效地吸收信息。

2. 同样重要的是“写下来”这个动作代表的意义。当你的下属在你提出建议之后马上动笔记下时，这个动作其实表示的是一种承诺。就像握手一样，你可以确定你会看到事情的进度。而上司也可以通过记笔记，在下一次会议时追踪进度。

3. “建立存档”是一种很有效的节省时间的方式。不管是上司或下属，都可以将一些重要但不太紧急的事项列入此档案中，留待下次讨论。这是生产管理中“分批处理”原则的再应用。借此，我们可以减少突发状况对我们产生的干扰。

4. 上司应该鼓励下属在一对一会议中讲些“心里话”。借此会议，上司可以了解下属平常不愿意讲的工作问题。他是不是对他的绩效满意？他是不是遭遇了挫折或碰到了阻碍？他是不是对未来产生了怀疑？但这种“交心谈话”必须慎选时机。如果很不巧你们在会议快结束时才谈到这种话题，你的下属可能只会告诉你他工作不顺想离职，而你却只剩下5分钟处理这个棘手的问题。

5. 随着现代企业规模的扩大，通过长途电话举行一对一会议越发重要。但这样的开会方式唯有事前妥善准备才能奏效。上司仍旧必须在会议之前拿到会议纲要，而双方也还必须做笔记。因为你无法看见对方的动作，当场做笔记的意义便比不上面对面会议中的，但你们不妨在会议后交换笔记，让彼此了解对方许下的一些行动承诺。

在每一次会议结束前，都应该计划下一次开会的时间，借此可避免因为与其他事撞到一起而必须取消会议。例如，你可能设定每隔一个周三和某甲开一次会，但他可能因为年休假而必须改期。如果在每次会议结束前定好下一次开会的时间，便可以减少这类困扰。

◆ 一对一会议的杠杆率

至于一对一会议的杠杆率，可以通过以下例子来解释。假设你和你的下属每隔一周开一次会，每次的时间为90分钟。也许，你花的 90 分钟不仅能提升这个下属接下来两周——也许超过 80 个小时的工作品质，还能增进你对他工作的了解。毋庸置疑，一对一会议有巨大的杠杆率，而这都是通过上司和下属间建立起共同的信息基础，以及相似的处事方式来达成的。就像我先前所提，这也是要达到“成功授权”的唯一途径。

与此同时，如果上司想做好决策，那么他在会议中“从下属身上学到的东西”绝对很重要。我曾和英特尔的业务部门主管举行一对一的会议，我们核查了订单的趋势指标。我对这些事并不是非常在行，但他提供了数据以及资料，告诉我某条产品线的生意已经停止增长。

虽然在夏天生意本来就不太好，但他向我证明了这不只是淡旺季的问题。经过一番思考之后，我们心不甘情不愿地接受了这个事实。这表示之后我们对此产品线的投资要转向保守——这可不是一桩小事。

通过信息分享，我们建立起共同的信念并得出共同的结论：扩张计划转为保守。业务部门的主管决定控制自己部门的成长，而我决定把我和他开会的结论转达给其他部门主管。这个一对一会议，因为对整个公司都有影响，实际上等于创造了极大的杠杆率。

虽然有点离题，但我想一对一会议对你的家居生活也会有所帮助。我有两个正值青春期的女儿。我发现当我们一对一交流的时候，所谈的话题及谈话气氛和在其他场合都不一样。一对一让我们可以较严肃地谈一些细微且复杂的事情。因为是在家里，一对一会议通常是在餐厅举行，因而没有笔记，但这种父女聚会和公司的一对一会议极为相似。以上两者我都极力推荐。

◆ 部门会议

部门会议的与会人员包括部门主管及其下属，因此部门会议提供了一个同事间互相交流的机会。之后我们将会谈到，同事间的互动并不是件容易的事，尤其是涉及制定决策时更是难上加难，然而这又是做好管理工作的关键环节之一。

通过部门会议，你可以了解下属之间的互动关系，并且促进这种关系好好发展；同事之间能加深认识，经理人也能借此学会角色互换，他必须知道和其他经理人共事时，如何才能更有效率。

部门会议也让上司能够在会议的冲突或是交换意见中更加了解事情的真相。就我而言，在开这种会时，如果有两个人对同一议题持不同意见，我通常能从他们的争论中更清楚地了解这件事情。

我第一次的部门会议经验是在好多年前，那时我是一个半导体设备研究工程部门的主管。该部门的工程师要么研究不同的项目，要么各以不同的切入点研究同样的问题。我是部门主管，但我发现这群人对彼此工作的了解经常胜过我对他们工作的了解。于是我们在开部门会议时气氛通常比较热烈，我觉得这远比他们单独向我报告要好得多，而我在部门会议中也因下属之间的讨论而收获颇丰。

有哪些事是应该在部门会议中谈的呢？只要问题牵涉两个以上的下属，就应该是会议讨论的议题。但如果一不小心，会议变成只有两个下属之间的对谈时，经理人要赶紧站出来打断他们，告诉他们私下或以后再谈，然后进行下一个议题，让更多的人参与讨论。

部门会议的结构又该如何呢？是天马行空的头脑风暴，还是井然有序地按议程进行？我的建议是，这种会议必须有计划地进行，而且与会人员应该事先知道要讨论什么，这样他们在开会前就能做好准备。但同时部门会议还是应该保留一段自由时间，让大家能畅所欲言。这段时间与会者可以谈一些工作上的细节，甚至提出一些还未成形的提案。如果你觉得可行，便可以将此列入下一次部门会议的议程中。

上司该在这样的会议中扮演什么样的角色？是引导会议进行，还是在一旁观战？是密切关注会议的进展，还是直接参与发问并制定决策？答案是“以上皆是”。但请注意：我并没有将当个“主讲人”包括在内。开部门会议并不是让经理人扮演一个高高在上的角色。部门会议最主要的目的在于自由讨论，如果经理人借此机会运用权势开始“一言堂”，无异于违背了会议的基本宗旨。

图 4–1 告诉我们，经理人在会议中最主要的角色是协调者，负责控制会议的进度和化解纷争。会议的议题应该让下属负责，经理人的责任则是控制会议不要偏离议题。召开部门会议是制定决策的理想途径，因为与会者多半已在一起工作了一段时间，大家对彼此都有一定程度的了解，知道谁经常离题或是在开会时做白日梦，或是谁在某一方面是专家……部门会议其实就像一家人在餐桌上的对话。而在企业其他类型的会议上，与会人士通常不是很熟，那感觉就像是一群陌生人聚在一起但要做出一些决定。

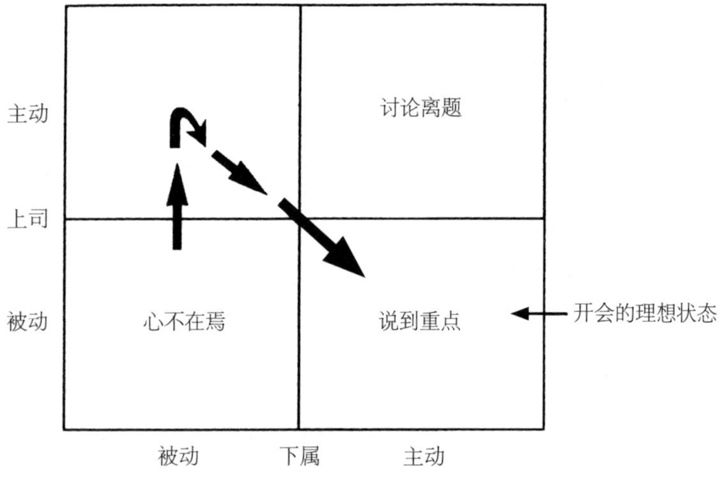

图 4–1　上司在部门会议中的作用应在于让讨论不偏离主题，让下属能多表达意见，说到重点

◆ 运营总结会议

这种会议为一群不常合作的同事提供了互动的机会。因此，在会议议程的设计上，应该让与会者有机会向同事介绍他们的工作内容，使大家能对公司有更深的了解。

在英特尔，运营总结会议最主要的目的是，让因组织关系而没有机会开一对一会议或部门会议的人，也能有机会彼此学习与分享经验。这对新进和资深的经理人都有好处。

初级经理人可以从资深经理人的批评、意见或建议中获益；而资深经理人也能通过初级经理人深入了解细节，对问题有另一层的认识。这种会议同时也有激励的作用：这群与会经理人在提出提案时会力求表现，一方面期望获得上司的注意，另一方面也想从同事中脱颖而出。

在运营总结会议中有哪些重要的角色呢？大致上可分为以下 4 种：会议召集人、总结负责人、提案人以及其他与会者。为让会议取得成功，每个角色都极为重要。

1. 会议召集人

提案人的上司是当然的会议召集人。我们以英特尔的营销部门为例，如果是产品经理提出提案，产品群经理就该负责组织这场会议，包括帮助这个产品经理决定什么该讲、什么不该讲、什么该强调、什么该深入细节。这个上司还得负责布置会场，包括借会议室、准备视听器材、发会议通知等。除此之外，他还得扮演计时员角色、安排议程并确保会议按计划进行。虽然讨论所需的时间很难控制，但作为资深经理的上司总是比较有经验的。如果在会议进行中，他发现提案人可能会超时，他应该暗示提案人注意时间，免得提案还没谈到重点，会议就结束了。

2. 总结负责人

这个角色通常是由一个部门的总经理或资深主管担任，这是个重要且要懂得拿捏分寸的职位。总结负责人需要总览运营成效，提出问题及意见，并同时教会下属处理事情的方法。他要激发与会人员参与会议讨论，并以身作则地带动自由讨论。他不应该在会议前事先阅读相关资料，因为身为这群下属的表率，他应该能在会议中临场应变。如果他在事先想好了招数，就会让大家跟着他的思路走。

3. 提案人

提案人应该尽可能地利用各种视听辅助器材，如幻灯片、投影仪等。人在接收信息时，视觉和听觉同样重要，如果能同时运用两种辅助器材，一定能帮助与会人员更容易地了解提案内容。但注意不要喧宾夺主，毕竟幻灯片只是用来辅助的。我曾经不止一次看过某些经理人的提案——他用遍了他的幻灯片但听者仍不知所云。根据我的经验，4 分钟的讨论或提案用一张幻灯片或投影片比较适当。它可以是图表或是统计数字，提案人可以用荧光笔或彩笔在表上标出任何他希望强调的部分。在整个提出提案的过程中，提案人都必须仔细观察与会人员的反应。他们的面部表情或是肢体语言都可以反映出他们是否听懂了，是否希望提案人重述一次，或是他们是否觉得很无聊，希望会议赶快结束。

4. 其他与会者

其他与会者并不是跷着二郎腿坐在那里，他们的参与以及发问，对一场有效率的运营总结会议不可或缺。如果一个参与会议的人从头到尾都不正眼瞧一下提案人，或是在一旁打呵欠看报纸，那实在是比不来参会还糟糕。因为他不但削弱了提案人的自信，而且也浪费了自己的时间。你应想办法在这段时间里提升你及整个公司的效率，专心听别人讲并记下一些也许值得一试的事情。

如果有什么事情你听不懂，或是有其他意见，就尽管发问。每个与会的人都有责任在提案人说错话或提供错误数据时纠正他。千万记住，老板是付钱请你来开会的，而不是请你来午睡的。开会，也是你的工作职责之一。

任务导向会议

我们先前提到的过程导向会议的召开频率基本上都是事先规划好的，会议功能以信息交流为主。但任务导向会议则不然，这种类型的会议随时召开，而且必须产生决策。任务导向会议成功与否的关键在于会议主席，但通常没有人挂这个头衔，不过无论如何，总会有个人最在乎这场会议的结果。

事实上，通常也是这个主席负责召集会议，他在会议举行之前就开始忙了。他在会议中通常会表现得和其他列席人员一样，并期望会议结果能如他所愿。如果会议无法达成预定的目标，这个主席要负全责。

因此，主席对会议该如何进行、有哪些决策需要制定，必须了如指掌。如果你是会议主席，但不知道你想得到什么，你就什么也得不到。所以，在召开会议之前，先问问你自己：有什么任务要通过这场会议达成？是不是有开会的必要？如果你还有一点迟疑，或还有其他办法可以协助你达成任务，就先别动开会的念头。

据我的估计，一个经理人的时间成本（包括任何费用），大约是每小时 100 美元。所以，如果一场会议长达两小时，并且有 10 个经理人参加，这场会议的成本便高达 2 000 美元。

即使身为集团总裁，如果我的支出达到 2 000 美元——不管是买台复印机还是来一次商务旅行，都得事先征求财务主管的同意，而经理人却常因一时兴起就开场价值 2 000 美元的会。所以，即便你只是受邀列席会议，也应该先问问自己：这场会是不是该开？我是不是该列席？如果你觉得没必要开或你不一定要列席，赶快告诉这次会议的主席。

在你还没投入大量时间及公司的资源之前，你就应该确定会议的目的。没必要的会在其附加价值尚低时就及早取消，然后找其他的替代方案（一对一会议、打电话或是留纸条）帮助你完成任务。

现在假设有一场会议是非开不可的，那么这场会议的主席马上就面临必须办的一连串事情。

首先就是决定谁应该出席会议，然后赶快通知。但绝对不是发了会议通知或打电话问问就了事，你必须确定这个人能否出席。如果他正巧有其他要事，你就应该请他找个能代表他的人来。

这种要做决策的会，如果与会人员是 6 个或 7 个甚至更多时，就会有点儿推不动。

决策会议不容有人“坐山观虎斗”，这种旁观者只会阻碍决策进程。另外，主席也必须维持会场的纪律，他绝不能允许有人迟到而浪费大家的时间。记得这种会的成本是每小时 100 美元乘以参与会议的人数，浪费时间就等于浪费公司的钱。对迟到的人绝对不要客气，就像你逮到一个人从公司偷走价值 2 000 美元的设备，你不会给他好脸色看一样。

当主席终于可以把重心放到议程上时，他必须确定所有视听器材都已在会议室里待命，他还必须确定每个与会人员都已拿到了议程。从议程中，大家能知道会议的目的，以及每个人所要扮演的角色。以下便是一个议程的范例：

致：远东厂厂长、制造部经理、集团施工经理、总裁

发件人：远东区施工经理

主题：菲律宾工厂地点决定案

时间：10月1日星期五 上午11时～下午1时

地点：圣克拉拉会议厅（212室），同时与菲尼克斯会议厅（四室）联机进行电话会议

会议目的：决定菲律宾工厂的建立地点

11：00～11：30 制造上的考虑（远东厂厂长）

11：30～12：00 施工上的考虑（远东区施工经理）

12：00～12：45 总结可行方案并决定最佳方案（远东区施工经理）

12：45～13：00 讨论（全体与会人员）

这整件事看来也许有些烦琐，但到底是“有纪律”还是“太多细枝末节”全在你怎么看。如果主席要你会前一定要准备，而且一定要准时，你可能会觉得他严苛；但换个角度想，如果你准备齐全又准时到达，而另一个与会人员迟到又没准备，你恐怕会在心里埋怨半天。

我猜想医院的手术室也许与此类似：在场医护人员的操作有时也许并不百分之百精确，但身为一个病人，我总希望

手术室里越有纪律越好。

会议一旦结束，主席便应以发送会议记录的方式确定决策的内容，以及即将采用的方案。会议记录发送的时间很重要，越快越好，最晚也要在与会人员忘记开会内容之前送到他们手上。会议记录应该尽可能详细，让看的人知道有什么事该做、谁负责去做以及什么时候做。这看似很麻烦，但如果这是一场值得开的会，做会议记录就不过是一点小小的投资（高杠杆率的活动），却能有极大的回报。

理想状态中，经理人应该从来不需要开这种应变式的任务导向会议，因为所有的事都应该在例行性的过程导向会议中处理好。

但在现实情况中，过程导向会议大约只能处理 80% 的事情或是问题，剩下的 20% 还得靠任务导向会议来解决。德鲁克曾说，如果经理人将超过 25% 的时间用在开会上，这个组织就可能出了问题；我觉得这句话必须改成："如果经理人将超过 25% 的时间用在应急的任务导向会议上，这个组织就一定出问题了。"

第 5 章

不挥舞权杖的决策

> 我们希望决策是由离问题最近，而且最了解问题的人来制定的。

制定决策，或更准确地说，参与这些决策的制定过程，是每个经理人每日例行工作中非常重要的一部分。决策的范围极为广泛，可能很笼统，也可能很琐碎；有时复杂，有时又很简单：我们是买一栋办公大楼还是租用？这笔账该记负债还是资产？该录用甲还是乙？该调薪 7% 还是 12%？我们能否将某产品的原料用量减少而不影响品质？在法院上诉时，我们能不能胜诉？部门圣诞晚会的饮料是不是要免费供应？

在传统产业中，管理层级及命令传达的架构通常都很清楚，负责制定某项决策的人在组织中也占有与此决策相关的特殊位置。俗话说："位高"（在组织中的地位高）则"权重"（制定决策的能力或权限大）。但如果是一家以信息与科技为主导的公司，决策系统可能大不相同。决策权不再完全由职位决定，另一批掌握知识和技能但职位不高的决策新秀将脱颖而出。

这是为什么呢？因为信息与科技一直在发展，一个在多年前毕业的大学生，即使他在当时掌握最先进的科技，并通过不断努力获得提升，且随着时间的推移，他在组织中的位置又不断上升，他对最新科技的了解也早已大不如前——可能远不如一个初出茅庐的大学理科毕业生。

换句话说，即使这位经理人在加入公司时是科技精英，他现在对公司的"最新科技"的贡献也大不如前。至少在我们公司是这样，经理人每天都在"折旧"。因此，像英特尔这样的科技公司，必须采用和传统产业不一样的决策系统。如果我们用传统产业的那一套，有些决策制定可能就会落在不是真正明了该项科技的人身上。

如果一个企业要靠掌握的知识赖以谋生及成长，那么"知识的力量"与"职位的力量"之间的分歧会越来越大。

如果你的企业成功的关键在于信息与科技，你该采用哪一种决策系统？再次强调，中层经理人扮演了十分重要的角色。因为他们不但能连接好上传下达的架构，而且能让握有

“权力”及“知识力”的两种人共存共荣！

理想的决策模式

◆ 阶段一：自由讨论

图 5–1 显示了一家重视知识的企业理想的决策模式。决策的第一个阶段是“自由讨论”，这个阶段欢迎提出所有的论点，且每个人都可陈述自己的立场。分歧和争辩越多，越能体现“自由”的真义。这看起来非常容易理解，但实际上经常不是这么一回事。

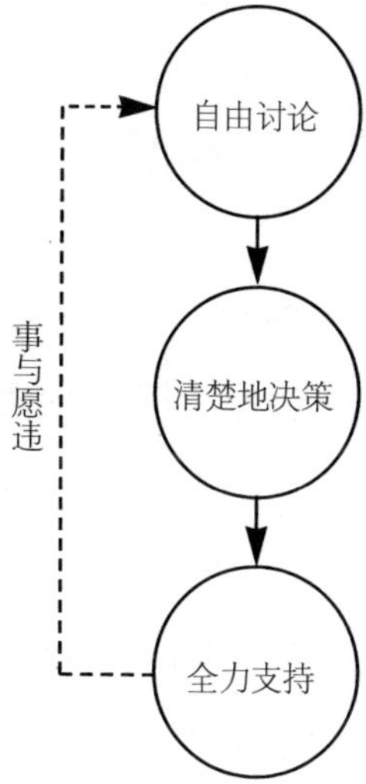

图 5–1　理想决策过程的三个阶段

我们常常看到的情况是：随着讨论渐趋白热化，与会的人开始犹豫不决，希望知道别人（尤其是老板）心里是怎么想的，一言不发直到他知道或感觉到哪一派论点有可能“获胜”，然后再开始高谈阔论地支持这一派，以避免被归为“异类”。

更奇怪的是，有些公司竟然鼓励这样的行为。以下便是我从报纸上摘录的一段有关美国某汽车公司的叙述：“在一场我必须采访的会议中，有人告诉我：在这家公司里，能干到高位的人都知道什么时候才能开口——他们通常等到上面的人表达了意见或立场之后，才开始陈述意见支持上司的论点。”

这种管理方法真是糟透了。这样的会议所产生的决策一定不会太好，因为懂得门道的人并没有真正贡献他们的知识及能力，决策只是根据并不完全的信息做出的。

◆ 阶段二：清楚地决策

图 5–1 的第二个步骤是“清楚地决策”。在讨论阶段，不同的意见越多，越有可能在此阶段达成“清楚”的决策。事实上，在让决策变得更清楚的过程中经常有个阵痛期，但一般人的反应是和稀泥——当我们发现决策内容可能引起较大争议时，我们倾向于做出模糊的决策以避免争议。但我们必须了解，口头上含糊其词绝对解决不了问题；你越虚与委蛇，那些对决策内容不满的人越生气。

◆ 阶段三：全力支持

决策产生后，便来到最后一个阶段——所有与此决策有关的人员都必须全力支持决策的执行。这并不表示每个人都完全同意此决策，“不同意但可以接受”的态度也不算太坏。

很多人没办法支持他们不赞同的决策，但不管怎样，事到执行阶段，他们还是得支持；即使大家都把公司利益放在首位，我们还是会有不同的意见，还是得支持最后不尽如人意的决策；即使我们使尽全力想让大家同意大部分议题，还是会有一些事没法达成共识。但公司全靠共识是活不下去的，最主要的还是靠大家对决策的支持。由此，才能推动整个公司的运营。经理人在决策过程中所能做的，便是得到所有相关人员支持决策的承诺。

以上这个理想决策模式看似很容易实现，但实际上，我发现这只对两种人“似乎还算容易”。一种是公司的高级主管，因为他们在公司里待得够久，知道事情该怎么做，而且和公司有同样的价值观；另一种是刚进公司的大学毕业生，他们在学校里和同学合作完成作业时就用这个模式。

但对中层经理人而言，这套决策模式似乎是“知易行难”——理论上很容易了解，但实际上不是这么一回事。

这是因为中层经理人通常很难自由表达他们的意见，很难做出一些让人不愉快的决策，而且更难去支持他们不赞同的决策。虽然我知道这套模式不会马上风行，但我相信这套逻辑迟早会被大家广泛采用。

对基层授权

在理想的决策模式中，还有一点很重要且必须提一下："决策的制定及执行应交给最低层级。"因为我们希望决策是由离问题最近，而且最了解问题的人来制定的。在这里我所说的"了解"并不只是"技术上"的了解，还包括通过过去实际经验积累的判断力。

因此，理想上，决策的制定者应该兼具专业知识及经验，但在实践中，如果找不到这样的人，你也应该想办法找到将二者实现"最佳组合"的人。就经验考虑，英特尔的决策会议中通常会指定一位资深经理人与会。但更重要的是，大家在会议中必须排除等级观念，在自由讨论阶段，每个人的意见都应该有相同的分量。

曾有一个对我的管理风格很困惑的记者问我："格鲁夫先生，你的公司强调'平等要看得见'：员工穿非正式服装上班，用隔板代替个人办公室，即使是高级主管也没有专用停车位。是不是有点儿过了？"这并不为过，这只是企业求生存的方法。我们这个产业，必须要结合具有"知识力"及"权力"的人一起做决策。如果我们没办法让这两种人合作以提升决策品质，那企业的衰亡就是迟早的事。

如今，身居高位已不再代表“我说了就算”；你的意见会不会被采纳，全在于是不是有需要。

同级群体综合征

另一个让理想决策制定模式难以推行的原因，是每一个参与制定决策的人都有诸如自尊、野心、恐惧及没有安全感等种种情绪反应。而当这群还不习惯彼此共事的人凑在一起制定决策时，这些情绪很容易显现出来。因此，我们必须再想想到底是哪些理由阻碍了这套模式的运作。

有个常见的原因是所谓的“同级群体综合征”（Peer Group Syndrome）。在英特尔的经理人培训课程中，我们曾经让学员以角色扮演的方式，了解一群同事在共同解决问题或制定决策时会发生什么情况。我们让这群人围桌而坐，并请他们解决一个问题。每个在场的人都是同级别的。会议主席的级别稍高一些，但我们故意把他从会场支开，所以他根本不知道他离开后会议进行的情况。

结果在场的观察员完全无法相信摆在眼前的事实。在这场试验性的会议中，这群不知情的“天竺鼠”经理们，花了将近 15 分钟的时间还找不到问题的核心，而且没有一个人注意到他们只是漫无边际地打转。当主席回到会场坐定，听了一会儿讨论后，他也无法相信会出现这样的局面。我们的观察员注意到会议主席倾身向前，好像希望能多了解一些情况，然后看到他脸色越来越难看，最后终于拍桌大骂："你们到底在搞什么把戏？弄了半天还在这里兜圈子！"在会议主席干预之后，问题很快就被解决了。

我们将最后有人拍桌子导向主题这招称为"同级群体再加一"（peer-plus-one），从那一次试验之后，我们便将它应用于决策会议中。当一群职位相当的人要开会时，总需要有一个职位较高的人与会——他不见得最能干或最具有专业知识，但他能够控制会议的进行。

不想和别人意见不同

不过，为什么同级群体里会出现这种情况？因为大部分人还是不敢表达自己的意见。我们以英特尔软件工程师约翰曾观察到的事实说明原因。

约翰的所见如下："不想和别人意见不同"是大家不敢表达自己的意见的原因。因此开会时通常会先有一段"试探期"，此时，大家开始捉摸彼此的立场与想法，希望在有人必须冒险提出一己之见之前能产生共识。如果他们觉得已有了共识，就会有人以"我想'我们的'意见（看法）……"这种方式发言。请注意，这句话传达出了这是"大家的"意见，而不是他自己的意见的意思。也许这个人的论点一开始会很薄弱，但只要其他人买他的账，他的立场就会越来越坚定。

我们可以察觉出约翰所言和先前汽车公司的例子之间的差别。在先前的例子中，与会的人期待会上的最高领导提出立场；而在约翰所举的例子中，这些人则是在等待共识的形成。这两种人际互动关系虽然不同，但“人很难随‘心’所言”这一基本的共同点都体现出来了。这让经理人更难做出好决策。

如果参与决策的人都是身经百战、深谋远虑的老将，他们的自信心便能克服同级群体综合征。追根究底，他们的自信心主要建立在他们知道“犯错难免”这一前提下。不管是做错了一个生意上的决定、采取了不适当的行动，还是意见没被采纳，都没什么大不了的。一个企业应该让每一个人都了解这一点。

如果在会场中发现“同级群体综合征”的迹象，但又苦于没有一位正式的主席时，谁跟会议的结果最有利害关系，谁就该站出来。如果这样还是找不到人，那么就找最资深的人当头儿。也许他对这个特定的问题并不见得很懂——甚至还是最不懂的，但他是最适合扮演一个类似教父角色的人选。他知道决策应该如何制定，也因此给了与会者制定决策所需的信心。

怕人家觉得自己笨

“怕人家觉得自己笨”是一种足以让不论是拥有专业知识还是身居高位的人都裹足不前的想法。对资深位高的人而言，他很可能因此不敢问问题，即使事关紧要；而更多的人在开会时可能只会在心里东想西想，而不敢把自己的意见说出来，最多也只是和坐在旁边的人窃窃私语。身为经理人，你必须不断提醒自己，唯有大家把想法都贡献出来，并且提出所有的相关问题来讨论，决策才会更趋于理想。

另外一个现象则和与会人员里层级较低的人有关。这群人可能害怕意见被驳回，在同事面前颜面尽失，因而不愿意发言，自动让较资深的人掌握决策的主导权。

有时候问题可能复杂到所有与会的人都不知如何是好。当人们掌握了专业知识而没有权力，或有权力而不具备专业背景时，不确定感会特别明显。此外，通常知识能力较强的人并不喜欢市场因素介入决策。所以我们常会听到他们抱怨：“不明白公司（部门）到底要些什么东西。”同样，经理人虽有权力，却也常因对科技了解不足而无从下手。

我们必须克服这些障碍。我们都具备聪明才智以及意志力，应该能克服“怕人觉得自己很傻”以及意见不被采纳的恐惧，从而能够参与讨论并有自己的主张。

制定决策

有时候经过充分讨论还是产生不了共识，而做决策的时限又迫在眉睫。当这种情况发生时，较资深的人（“同级群体再加一”者）虽然在之前只是扮演类似教父的角色，但此时也必须“赶鸭子上架”地担负起做决策的重任。如果整个决策会议的过程都合乎之前所列的步骤，这位资深的经理应能通过会议中的充分讨论，广集各方观点及数据事实以做出决策，而不必凭借职位赋予他的权力强加主导。

在实际工作中，“赶鸭子上架”的情况在所难免，这位“同级群体再加一”者便需以其权势来做决策了。这绝不是件容易的事，且要慎重选择时机。如果过早地把权力地位拿出来压人，可能会造成毁灭性的结果。通常没有人愿意扮演这种角色，因此决策会议的“自由讨论”阶段经常被延长，进而影响了决策的时效。

太早或太晚进行到决策阶段，都无法发挥自由讨论阶段的功效。最重要的原则是：绝对不要让你的决策早产。一定要确定你已在讨论中收集到足够的相关信息，而非只是泛泛地谈。一旦你觉得议题已经过多方考虑及广泛讨论，就马上进入“促成共识”阶段。即使达不成共识，你们也仍需进入决策阶段。有时候大家会花太多时间寻求共识，而且很可能在这一阶段的讨论中，又偏离了原本几乎已经要做出的决策。所以，在什么时候当机立断做出决策，是非常重要的。

就像经理人日常做的事情一样，制定决策这件事也有其产出——这就是决策本身。制定决策就如其他管理流程一样，如果能事前了解制定决策的目标，便有可能获得高品质的产出。因此，在制定决策之前，经理人应对以下6个问题的答案了然于胸：

（1）决策的内容。

（2）决策的时限。

（3）决策人。

（4）在制定决策前应先向谁咨询。

（5）谁对此决策一言九鼎，或是能全盘否定。

（6）谁应该在决策制定后被告知。

实例应用

我用我在英特尔参与的一项决策过程，来解释以上6个问题的重要性。

这个决策是：英特尔已经决定扩建菲律宾的工厂，扩建后，大约能增加两倍的产能。但接下来的问题是："工厂到底要建在哪里？"现有的厂址附近空间有限，但如果抛开空间限制不谈，这里是最理想的扩厂基地，因为这样不必增加太多管理费用及增建通信设施，也没有新旧厂间的交通运输问题，而且即便新旧厂间有人事调动也不会太麻烦。

另一个方案则是到离旧厂较远的地方买块新地。这块新地“既便宜面积又大”，我们只要盖一层或两层的厂房便可满足对面积的需求，而在旧厂附近则可能要盖上好几层——这对一个半导体厂房而言并不是有效率的选择。于是乎地点选择一事让我们一群人陷入了胶着状态，在这两种可行方案间举棋不定。

现在看我如何用前述6个问题来打破这种胶着状态并做出决策。决策的内容非常明显：要么在旧厂附近建高楼，要么另觅新地建一层或两层的厂房。至于决策的时限，根据我们的长期计划，这个厂必须在两年到两年半时间内完工；而根据前面提过的“时间互偿原则”，这个决策必须在一个月之内做出。

谁是决策人呢？到底是负责厂房建造的人还是负责制造生产的人？这个问题其实不好回答。前者对建筑的成本和施工难度比较敏感，可能会偏向于另觅新地；而后者因为知道新旧厂比邻能带来多大的作业便利价值，故而倾向于在旧址建高楼。

因此，决策人便包括了远东区施工经理和他的主管——集团施工经理，以及远东厂厂长和他的直接主管——集团制造经理。这样的决策体系由两方持不同意见的同级经理层组成。在企业经营中，我们时常能看到这种双方对同一议题各有想法的情形。在这样的会议中，让两方都能有相同的机会表达他们的意见非常重要，唯有如此，产生的决策才不致有偏颇。这些参与决策的人在与会之前，都已经向自己部门中的人请教并收集了相关资料，因此对此事都有清楚深入的了解。

接下来，谁有敲定这项决策的权力？两边的资深主管都必须向我报告，因此我便是最终决策者。同时，这个项目其实已经大到应该让公司的总裁出来发话，尤其是我对菲律宾的建厂地域以及厂务运营都有相当的了解。所以，我便当仁不让地成了决策敲定者。

然后，谁该被告知这项决策？我选择我们的董事长摩尔。虽然他并没有直接参与建厂事宜的经验，但因为我并不是成天在忙着远东地区建新厂一事，所以应该让他知道有什么事情正在发生。

这便是决策制定的过程。经过研究地理位置、施工计划、施工成本、土地成本、交通等种种问题，我们最后决定将新厂盖在旧厂附近，并且接受了厂房面积将不及另一个方案的事实。新厂将只有 4 层楼，如果再往上盖，成本将大幅增加。在先前的议程中，他们向我报告了这项决策以及相关的背景资料。我在会议中听取了他们对各方案的想法及最后选定这个方案的理由。在提出一系列的问题、了解了他们收集信息的内容及可信度，以及他们的思考逻辑后，我批准了这项决策，并通知了董事长这个结果。在你阅读本书时，这个厂早已竣工并投入运营。

建立一套决策流程，其重要性远胜于加速决策流程。一个决策的制定，需要参与决策的人投入大量的时间和精力。如果决策参与人好不容易达成了共识，却被“决策敲定者”否决，这种情况一定令人沮丧，甚至会影响员工士气及工作效率。不管这样的否决背后有多少正当的理由，只要是事发突然，总不免让人产生“权力还是掌管一切”的感觉。我们应该想尽办法避免这种情况，而且我想不出还有其他办法能比在制定决策前先提出“6 个问题”可以更有效地避免决策共识在最后关头被推翻。

最后还要强调，如果“决策敲定者”的意见和决策参与人的期待落差太大（比如我最后决定在菲律宾一个新厂都不建），他可以宣布他的决定，但千万不可以话说完了就当没事一样走人。相关的人需要时间调适，听你将决策的内容合理化，然后再重新出发。延长会议可能是必要的。让这些人有时间反应一下，再召开会议，听取他们对新决议的意见，将有助于让每个人习惯突发状况。

决策过程之所以看似复杂，那是因为它一向如此。我在这里要引用阿尔弗雷德·斯隆的一段话，他一生花了大半的时间钻研决策理论：“集体决策通常不容易达成，因为集体讨论的过程实在太麻烦，因此主要决策者很容易就偏于独断。”我曾经认识一个中层经理人，他毕业于很好的商学院，且拥有美国西部牛仔那种独行侠气质。他因为受不了英特尔的决策过程而离职，跳槽到另一家公司。这家公司在面试时向他保证，他们鼓励每个人自行做决策，并且有执行的自由度。

4 个月后，他又回到英特尔。他向我解释：“如果我可以不询问别人的意见便做决定，别人同样可以。”

第6章

规划是为了明天

在你规划行动方案之前，一定记得先问自己：有什么事情如果我“今天”做了，可以让“明天”更好，或者至少让“明天”不会更糟。

大部分的人认为规划是管理层崇高的责任之一——我们或多或少都听说过所谓“规划、组织、控制是经理人的要务”之类的说法。

实际上，规划只是日常活动的一部分，每个人，不管是工作还是私人作息，都要涉及规划。

举例来说，你早上开车上班时，可能要决定是否该加油。你先看看油表上还剩多少油，接着考虑你要跑多远，然后大概计算一下需要多少油才能到达目的地。你在心里盘算时，便是在决定是否应该去加油。

回头复习一下生产的准则，可以让我们更容易了解“规划”。在第 2 章我们学到：控制一个工厂产出最主要的方法，便是使用需求预测系统来预测需求量，然后再按照预测需求量生产。工厂依据现有及预估的订单运营，我们的工作便是在一个特定时间内设法拿到足够的订单。

如果预测的产出和预测的市场需求不相符，我们也许会另开一条生产线以增加产量，或是减少工时以降低产量。于是我们可以将如何规划一个工厂归纳成以下的步骤：第一步，确定市场对某产品的需求；第二步，如果第一步不需要做任何调整，便确定工厂生产的项目；第三步，通过调整生产进度表，让预测的产量与市场需求尽可能相符。

你的规划流程大致上也应该是这样。第一步是预测需求，外界环境想从你或你的公司得到什么？第二步是了解你现在的处境，你现在生产些什么？现在的产品完工后，你要生产什么？又或者，如果你的工厂一直生产同样的产品，未来工厂的处境会如何？第三步是在前两步间找到平衡点。也就是说，根据环境的需要，决定某些产品应该多做还是少做。

接下来让我们再细细推敲每一个步骤。

步骤一：预测外界环境需求

首先必须界定所谓的“外界环境”。如果你将你的部门当成一个独立公司，你会发现你的环境是由许多类似的公司组成的，且这些公司将会直接影响到你的工作。

举个例子：如果你是公司收发室的负责人，你的外界环境便包含了需要你服务的顾客（公司中的其他部门），以及提供服务（诸如提供邮资机、邮车等）的供货商，还有你的竞争者。你在公司内部当然没有竞争者，但你可以通过和类似联邦快递这类公司的比较，了解你的部门绩效，进而设定标准。

当你在审视环境时，有些事情需要特别注意。你应该了解你的顾客期望，以及他们对你的绩效是否满意。你应该随时了解像电子邮件这类有助于你工作的科技工具的动态。你也应该详细评估你的供货商以及公司中其他部门的绩效。是不是有哪个部门（譬如运输部门）影响了你的工作效率？他们是不是能满足你的需求？

一旦你确定了外界环境的组成因素，你便可以用“目前”及“未来”两种时间架构来审视环境。

让我们以未来一年为例，你应该会有以下的问题：我的顾客想从我这里得到什么？我是不是让他们觉得满意？未来一年他们又期待我做些什么？你必须将关注的焦点放在外界环境目前的需求和未来一年的需求之间的差别上。这种“差异分析”非常重要，因为如果你能满足顾客目前的需求，便应该想些办法应对未来一年的需求差异。而你如何应对差异，事实上就是规划流程的主要结果。

但你是不是应该在这个阶段就考虑要采取哪些行动解决问题？答案是：“不！”因为如此一来只会让问题失焦。

试想，如果营销部门根据工厂的产能来调整它的需求预测，将会对这个工厂造成什么样的影响？换句话说，如果营销部门预测某产品月销量可达 100 件，但他们知道工厂目前一个月只能生产 10 件，因此修正销售预测，将 100 件改为 10 件，结果会怎样？制造部门将永远不会改进工作以满足真正的市场需求。

步骤二：现状分析

规划流程的第二步是定义你目前的状况。你可以通过列出自身的能力、目前正在进行的项目进度来了解你的现状。记得在说明这些项目时，要用一致的字眼。如果谈的是目标需求，注意要标示出它在进度表中的状况。

举个例子，如果有一项目标需求是“产品成品设计”，那么当它还在工作流程中时便应该是“产品半成品设计”。

你还要了解手上的这些项目完成的时间。是不是每一个手上的项目最后都会完工？答案很可能是不。有些项目可能在半途就被放弃或搁置，你应该把不能完成的原因归纳出来，并列入你的产出预测变量。

根据统计，在半导体的制造上，输入的原料只有 80% 会成为成品。同样，我们虽然不可能算出一个很精确的数字，但也应该算出项目被搁置或放弃的百分比。

步骤三：缩小差距

规划的最后阶段，便是决定要采取哪些新的行动或是修正原有的做法，以缩小预测和现状间的差距。

在这里会遇到两个问题：一是需要做些什么以缩小差距？二是你又能做些什么？两个问题应该分别考虑，然后决定你的实际行动，并评估这项行动对缩小差距会产生什么样的影响，又会在什么时候产生影响。你决定的行动方案便是你的战略。

何为战略？何为战术？很多人搞不清楚。虽然两者的实际差别并不是那么显著，但我可以提供一套方法帮你分辨它们。

当你将计划变为白纸黑字时，看起来最抽象笼统的总结即为你的战略；而你用来实行战略的行动即为战术。在一个组织中，某管理层的战略，通常即是高他一层的经理人考虑的战术。让我们回头再看看收发室的例子。假设负责整个企业通信的经理决定在各厂间提供电子邮件服务——这是他的战略，由此，他可以提高各厂间沟通的效率。而这位收发室的负责人就必须考虑在设立电子邮件网络后，他要做哪些事情来应对。他的战略也许是在收发室中装设打印机，然后聘请专人将印出来的东西送到各部门。这位收发室负责人的战略便是高他一层的集团通信经理的战术。

解决方法

布鲁斯是英特尔的营销经理之一。当他评估目前的环境及部门状况时，发现他的部门中只有三个人有处理项目的能力，但项目已堆积如山，且每个项目都必须完成才能达成目标。

如果有任何一个项目不能顺利完成，都将导致未来的成本及工作量剧增。布鲁斯因此面临两难——如何在增加人手和维持预算间取得平衡。他明白要鱼与熊掌兼得绝无可能，但总得缩小未来和现状之间的差距。

于是他决定尽量将不太重要的项目转交其他部门。这些部门在处理这些项目上也许效率较低，但它们正巧有时间。布鲁斯和他的上司也决定招聘一位暑期实习生，帮助他们处理一些不太复杂的工作。他自己则更密切地监控部门绩效，另外也想些长期的解决办法，诸如与其他营销部门分工，或是避免部门间重复做一项工作等，以提高效率。最后，布鲁斯仍然提出增加人手的请求。因为经过以上的种种做法，仍无法缩小未来和现状间的差距，这也是他向公司要求增加人手最有力的理由。

我们再看另外一个例子。之前曾经提过，我们的中层经理人辛迪是一位工艺工程师，她负责微芯片制造流程的维护和提高其生产效率。她将她的环境界定为“对象”及“影响力”的总和。所谓“对象”，指的是还未经测试的工艺以及制造辅助器具；“影响力”则指能直接或间接影响她工作的那些人。工艺研发工程师可能希望她不要太刁难人，不要老是要这个表格或是那个测试结果，因为这些会让他们迟迟不能将新开发的工艺派上用场；相反，生产工程师则可能希望她严格把关。还有另外两群人也对辛迪施压：产品工程师着急地等着芯片制造出来，而辛迪的上司也不断催促，要她确保新的工艺或设备确实对提高产能有所帮助。

辛迪的角色其实就像个顾问，她告诉这些影响她的人什么可以做、什么做不得。她的“顾客”是使用这些流程的厂务人员，而她的“上游厂商”则包括来自生产、工艺研发及产品等不同领域的工程师。

分析现状后，辛迪发现工艺研发部门提供给她的资料以及测试结果总是不完整。再深入探讨，她发现工艺研发工程师并未将提供完整资料以及按时交件列为优先任务。在决定她未来目标的同时，辛迪明白，鉴于过去新工艺曾出过错误，产品工程师的要求越来越严格，因此她必须确定所有的新工艺及生产辅助器具都经过了测试及修正，而且更重要的是根据生产工程师的需要，为他们提供新机器的数据资料。

然后，辛迪开始制定战略以达成目标。她将各步骤按顺序明确列出：哪些事情一定得先做，其他事才能顺利进行。然后她再运用我们在“早餐店的生产线”中提到的时间互偿法来决定关键步骤。

接下来，她获得了工艺研发经理对她做出的时间安排的肯定。她和这位经理协调后确定了双方必须负责的事项及完成的时间，如此才能达成彼此都同意的目标。最后，为确保诸事无误，她决定每周检查一次她的“供货商”状况——她以设定的进度表为准评估绩效，以激励他们跟上进度（指标），并借此发现潜在的问题（在黑箱上开窗）。

规划流程的产出

在布鲁斯及辛迪的例子中，关键皆在于通过他们的规划，他们知道“现在”应该采取哪些行动以影响“未来”。

我见过太多人，他们了解现状与理想之间的差距，并且努力想要缩小此差距，但他们不明白今日他们所面临的问题，经常是源于过去规划的失误。这种情况就好比车子已经没油了还急着赶路。很明显，我们早该加油。为了避免这种情况，在你规划行动方案之前，一定记得问自己：有什么事情如果我“今天”做了，可以让“明天”更好，或者至少不会更糟。

由此可见，计划的产出即是一套行动方案。英特尔年度计划的产出，就是整个组织经过思考后才决定采取的行动或改变。

我自己几乎很少去看公司最后编制的年度计划。因为规划流程的产出，事实上就是在这些思考流程中制定出的各项决策及行动方案。

负责规划的人眼光应该放多远？在英特尔，我们所谓的长期战略规划通常涵盖未来的 5 年，但事实上真正被影响到的只是接下来的一年。

因为到了明年做长期战略规划时，我们又有机会对未来 5 年重做规划。你真正能实行的只是计划中的一部分，从时间上来说，就是你定在这次会议到下次会议期间所必须采取的行动，其他部分都还可以再改。但也不要因此提高制定规划的频率，我们应该留点时间判断决策的效力以及它是否正确。换句话说，我们希望能在这段时间内获得回馈，以此作为下次规划的依据。

有哪些人应该参与制定规划？答案是组织中负责运营的经理人。因为如果制定规划的人不是执行规划的人，结果通常很难令人满意。规划是管理工作中不可或缺的一环，因为它对未来可能会造成影响，规划通常也具有极高的管理杠杆率。但这个高杠杆率唯有在“规划”与“执行”相得益彰的情况下才会产生。

最后要提醒的是：你在对一个方案说“是”的时候，你便在对其他事情说“不”。也就是说，当你承诺一件事情的时候，你便失去了做另外一件事情的机会。我们的资源有限，这种取舍难以避免。因此，我们必须培养出何时说“是”或说“不”的判断力和胆识。

目标管理

目标管理有一个主要的假设——通常这种“目标”是短期的，所以我们应该很清楚环境需要我们做什么。因此，目标管理往往倾全力于规划流程的第二步和第三步，并且尽可能地明确。蕴藏在目标管理背后的道理其实非常简单：如果你不知道何去何从，你将永远到不了目的地。

要做好目标管理，你必须先回答以下两个问题：

1. 我想去哪里？（这个问题的答案便是你的目标。）

2. 我如何知道正朝着目标迈进？（这个问题的答案告诉我们沿途该验收的成果。）

我举下面这个例子来让目标和验收成果具象化。我必须在一小时之内赶到机场搭上飞机——这是我的目标。事先我已知道，到机场的路上我必须经过甲镇、乙镇和丙镇。分别在 10 分钟、20 分钟及 30 分钟时，到达甲、乙、丙三镇便成为我要验收的成果。如果我开车 20 分钟后还没到达甲镇，我便知道我迷路了。除非我下了高速公路找个人问路，否则我可能会赶不上这班飞机。

目标管理通常是用来向正在进行的项目提供反馈：告诉我们现在做得如何，是不是有什么地方需要修正或是改进——就好比下了高速公路问路一样。反馈要在行动评估后即时产生才能产生最大效力。

因此，在目标管理系统中，目标的制定倾向于短期。举例而言，如果公司采用年度计划，那么目标管理的时间架构至少应以季度为单位，甚至短到以月为基准。

协助你在需要注意的事项上聚精会神，是目标管理的优点中最重要的一项。但这点好处唯有在目标的数量不是太多的情况下才会生效，而这实际上很难达成，原因是我们经常难以说“不”，因而导致我们有太多的目标。我们必须了解，如果把焦点放在每一件事情上，就等于没有焦点。要让目标管理产生最大的功效，我们必须懂得慎定目标。

哥伦布的目标管理

为了让我们能更了解目标管理系统，我要引述两个历史上的案例。

第一个是哥伦布发现新大陆——我的版本和你在课本上读到的可能不太一样。1491年西班牙王室在年度计划中下了结论：如果他们没办法多弄点钱买武器和火药，他们将没有能力打一场他们觉得非打不可的仗——将摩尔人驱逐出西班牙。这是当时西班牙伊莎贝拉女王的使命，但她需要财源才能办这件事。她认为大幅促进对外贸易将有助于充盈国库，所以她找了哥伦布来谈她的目标。哥伦布答应女王会回家好好想一想。过了几天，他回来向女王提了几项建议，其中包括寻找一条通往神秘东方的新航线。经过充分且广泛的讨论后，女王和哥伦布决定要赌就赌大的，就此决定寻找到东方的新航线。

决策制定后，哥伦布开始忙着计划如何才能达成这项目标以及找到所需要的东西。在目标管理的系统中，女王已界定了她的目标——为西班牙王室开辟财源；而女王和哥伦布也在他的目标——找寻通往东方的新航线——上达成了共识。哥伦布由此便开始设定他在达成目标沿途必须验收的成果，诸如建立船队、训练水手以及试航等，并且明确制定了每项成果验收的时间以确定进度。

女王的目标和哥伦布的目标之间的关系很明显。女王想充实王室财库，而哥伦布想找到通往东方的新航线。我们可以看出两者之间的层级关系：当下属达成他的目标时，上司的目标也同时达成。

虽然哥伦布成功地一项一项地验收了成果，但最后还是可能无法达成目标。建立航队、训练水手等对哥伦布而言并非难事，但众所周知，他最后并没有找到到达中国的航线。他并没有达成他的目标。所以，以严格的目标管理标准来评判，哥伦布的表现到底是好是坏？他毕竟发现了新大陆，且为西班牙王室带来了不计其数的财富。

因此，即使一个下属没能达成所设定的目标，他的绩效仍有可能被评为卓越。目标管理的用意是让人能按进度行事——好比手拿秒表，自己评估自己的表现。目标管理并不像人事部门的工作手册，可以用来决定奖惩，它只是衡量绩效的方法之一而已。如果上司只用目标管理来决定下属的升迁赏罚，以致下属只专注于制定好的目标，错失了其他可能，难免会只见树木不见森林，这不是很专业的做法。

我们再以英特尔在菲律宾扩建工厂为例来说明目标管理。远东建筑经理设定了以下目标：取得菲律宾厂扩建案的决议。而他必须验收的成果包括：在 6 月底前取得现址以及其他可能建厂地点的土地评估；分析各地点的土地成本、施工成本以及未来的运营成本，并评估其利弊；最后将以上结果在会议中提出并获取决议，并在10月底前得到总裁——我——的首肯。

结果他验收了所有成果，并且达成了预定目标。在此我们注意到，这是个短期的目标，而所有必须验收的成果也十分明确，我们不用问就知道他是否按时做到。验收成果必须列明时限才会有最大效益，时限一到，马上就能知道到底做好了没有。

这位远东区施工经理的上司——我，案头上也写着："目标：确保所有扩厂计划如期完成。"我也列出了几项必须验收的成果——看着也很像下属的目标：在10月底前达成菲律宾厂扩建案的决议。

我希望现在你已能看出西班牙伊莎贝拉王室和英特尔运作上的相仿之处。一个经理人的目标会构建在一连串的"成果验收"之上。他的目标和他上司的目标紧密结合：他必须达成自己的目标，他上司的目标才能够达成。但目标管理系统绝不是交给计算机程序运行一下就能了事。目标和验收成果，都必须靠经理人的才智和判断力来建立和完成；也唯有经理人贡献他的才智和判断力，目标管理系统才能有效运作。

High
Output
Management

第三篇

推动组织的巧手

第 7 章

当早餐店开始繁衍

事情已经越变越复杂。身为这个企业的老板，坐在集团办公室气派的办公桌前，有时候我会希望时光能够倒流，再回到草创时期我自己煮鸡蛋、烤面包、倒咖啡的日子。

我们之前提到的早餐店现在的生意越做越好，好到我们必须再花一笔可观的费用添购一套 3 分钟煮蛋设备。因为这套设备煮出来的鸡蛋品质非常好，而且店里的生意越做越大，我们能完全地运用这套设备的产能。因此，我们降低了产品成本，并将其回馈给顾客——降低了早餐的价格。一传十、十传百，这家物美价廉的早餐店很快就建立起了声誉。

就像所有精明的创业家一样，我们看准了这门生意可以做，于是我们又在城的另外一边开了一家分店。这家分店一开张生意便十分兴旺。很快，一家全美性的美食杂志《街坊美食》便刊出了一篇文章介绍我们。于是我们决定把握良机进军全美市场，遂以极快的速度，找到了适合建立早餐店的地区，并抢占市场、建立店面。在短时间内，我们就成为一家全国性的连锁餐厅。

但没过多久我们便发现，搞连锁企业和经营一家早餐店相比，其中涉及的日常事务及管理技巧有很大的不同。其中最重要的是如何想出一套办法，既能保住最初小店经营的种种好处，又能享有全国性连锁的规模经济优势。各店的经理应该最了解当地市场，可以通过他们适当地做出调整（例如菜单或广告策略）以应对市场需求。与此同时，因为分店已有上百家，我们在采购上的力量也完全不容忽视。有些采购事宜如果让总公司集中处理，会比让各分店分头去做便宜许多。

更重要的是，到目前为止，品质是我们赖以成功的一个关键因素，我们必须尽我们所能维护我们在餐饮服务业中高品质的形象。换句话说，我们绝不容许哪一家分店有不当行为，使品质受损而毁了我们的招牌。

集权还是分权？

在实务中，这种有关在管理上是该集权还是分权的分歧到处可见，已成为今日管理上最重要的课题之一。举例而言，我们要打地区性的还是全国性的广告？是不是要让分店经理全权负责当地的广告？这位分店经理对当地媒体的了解大概远超总公司负责广告营销的人。我们是不是要让他负责人事招聘与解雇事宜？应该让他决定薪资水准，还是应该由总公司制定全国性的标准？后者在美国显然不可行，因为各地的劳动力市场事实上有很大的差距。但有关采购复杂机器设备之类的事宜，无疑该交由总公司处理。毕竟我们花了好大工夫才找到合适的供货商，并且建立起一套最能满足我们需求的测试系统。我们已经有一群人在芝加哥总部负责这些事，当然不希望各分店甚至各区域再重复浪费精力。

但我想采购鸡蛋这种事应该不用总公司过问。鸡蛋必须新鲜，而且长途运送很容易把它们弄破。然而，不管是各分店还是总公司，都不希望各分店还要再建立一套鸡蛋的进货检验系统。此时我们便要想一些折中方案，诸如在各区域设立采购中心，如此一来既可以缩短运送的距离，又可通过在采购中心建立的进货检验系统监控品质。换句话说，我们通过这种方法来确保全国各分店的品质一致。

那么菜单该由总公司还是各分店决定？我们希望各分店的

菜单内容大致相同。顾客遍布全国，在各地的分店都可以找到他们想要的基本选择。但我们也得顾及各地顾客在口味偏好上的不同，所以我们也留给各分店适度的权限来调整菜单。

在店面上，我们应该让各分店租赁或购买现成的店面，还是应该由总公司统一设计室内的风格并施工？较合理的办法也许是由总部制定标准，然后让各分店去找店面，只要这些店面能够符合标准即可。

餐具要不要全国一致？要不要通过总公司采购？因为顾客对一顿早餐的印象和所使用的餐具有较大关联，所以各分店最好使用相同的餐具。但如果远在蒙大拿（西北部）的分店打破几个餐盘便要从芝加哥（东北部）补货未免太荒谬。为解决这个问题，我们可以决定设立几个地区性的仓储中心，好及时送补货品。

各新店的店址要由总公司的大老板决定，还是交给各地区的经理？较好的做法也许是总公司征询各地区的意见后再做决定。毕竟各地区经理对当地消费人群的了解，远胜于这群坐在芝加哥总公司办公室里的人。

复杂性日增

事情已经越变越复杂。身为这个企业的老板，坐在集团办公室气派的办公桌前，有时候我会希望时光能够倒流，再回到草创时期我自己煮鸡蛋、烤面包、倒咖啡的日子。

如果这个愿望太奢侈，至少可以回到只有一家早餐店的时期。我可以叫出每个员工的名字，做决定时不用像现在考虑这么多。那个时候几乎没什么人工费用，而现在我们必须请人来负责整个集团的人事。还有新设的物流经理向我申请购买计算机，以利于研究各地区物流中心及分店间的最佳物流策略。这位经理告诉我，借此他可以降低运输成本，确保货品当日送达。他还向我保证，有了这套计算机之后，他可以大幅降低餐具的存货水准。我相信照这样下去，用不了多久我们又得请个经理专门负责不动产了——事情真是越来越麻烦。

之前我们已经认清了一个事实：管理竞赛就是团队竞赛——一个经理人的产出，是组织中向他报告或受他影响的所有人产出的总和。

但现在我们蓦然发现，这不仅是大团队的竞赛。因为这个大团队是由许多不同的小团体组成的，靠这些小团体的共生共存及互相支持协助，大团队才有可能在这场管理的竞赛中胜出。

第8章

混合型组织

> 大部分中层经理人所负责的，都只是大组织中的一个部门。他们能监控的“黑箱”与其他不同的“黑箱”紧密相连，就好比每一家分店都和其他分店以及总公司密不可分。

在成长中，所有的组织都将成为“混合型组织”，并迟早会面临我们早餐店遇到的问题。现在，就让我们仔细瞧瞧这一类由小单位组成的组织。

大部分中层经理人所负责的，都只是大组织中的一个部门。他们能监控的“黑箱”与其他不同的“黑箱”紧密相连，就好比每一家分店都和其他分店以及总公司密不可分。

两个极端的组织类型

我们可以把组织分成两个极端的类型：完全的“任务导向”和完全的“功能导向”。但事实上，大部分组织都处于这两种极端之间。如图 8–1 所示，早餐店这个企业可以被设计成图中这两种极端中的任何一种。

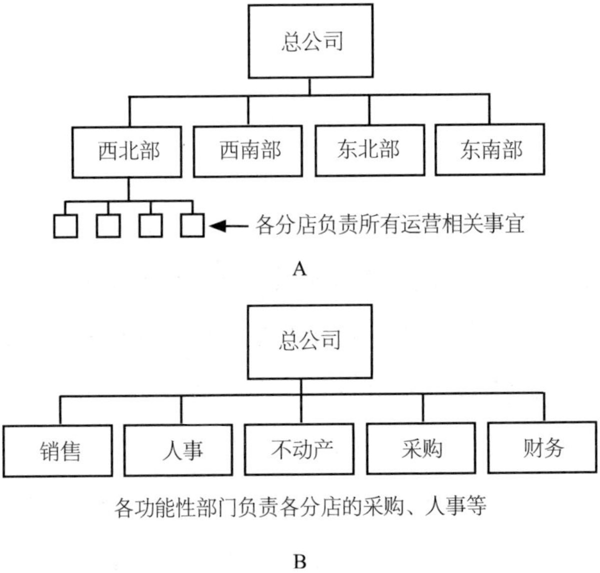

图 8–1　早餐店转向连锁体系后的两种架构：A 为完全的任务导向，B 为完全的功能导向

在任务导向的组织形态中（如图 8–1A），总公司完全下放权力，每一个事业部门负责完成任务，而这些部门之间的关联性极低。在这种形态下，每一家分店全权掌控分店的运营，包括决定店址、店面装修、采购、销售及人事管理等，而仅在每月月底向总公司提交财务报告。

另外一个极端是完全的功能性组织（如图 8–1B）。这种组织非常集权。如果早餐店企业组织是按此设计，总公司的采购部门将负责所有分店的采购事宜；而人事部门将负责所有部门及分公司的招聘、解雇以及绩效评估等；总公司的其他部门也都将负责各分店的不同职能领域。

如果我们将重心放在让各分店经理应对各地不同的状况上，我们的组织形态将偏向于任务导向；但如果我们想要充分享有组织扩大所带来的规模经济，以及在运营上所积累的专业知识与经验，我们又会倾向于功能性组织。

实际上，我们希望在两者之间取得平衡。但如何确定折中方案经常让经理人伤透了脑筋。斯隆总结他在通用汽车数十年的经验时说："好的经营管理，是中央集权和地方分权间的折中产品。"或许我们可以换句话说：好的经营管理，是在应对市场与发挥组织最大力量间求取最佳的组合。

折中而行

现在，让我们一起看一下英特尔的组织架构图（见图 8–2）。这是一个混合型的组织。这种组织架构源于我们整个集团本就是任务导向的各事业部与功能性部门的结合。

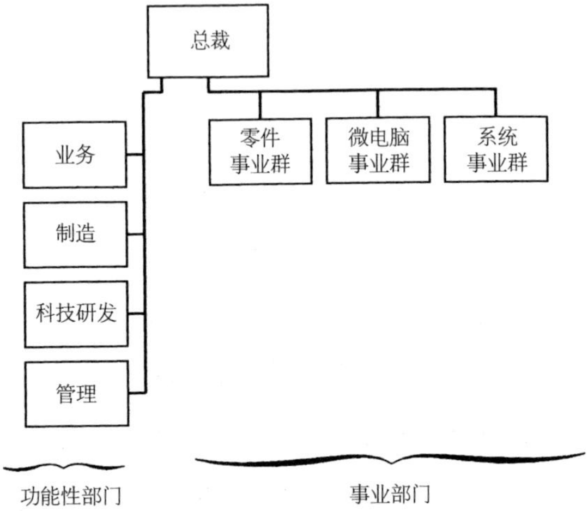

图 8–2　英特尔是混合型组织：在应变能力及管理杠杆之间取得平衡

我想大部分军队的组织结构也是这个样子的。各事业部好比是独立的作战单位。而这些作战单位所需的军毯、粮草、空中侦察情报等，则来自各功能性部门。由于这些作战单位不需要在这些支持性事务上费神，也有行动上的独立性及自由，因此可以全神贯注去完成任务。

我们因此可将功能性部门视作内部的分包商。以业务部门为例，虽然很多公司也雇用非正式的外部销售人员，但一个内部的业务部门应该能以较低的成本提供更好的服务。同样，我们可以将制造部门、财务部门或者数据管理部门等，都视为功能性部门。它们都是公司内部的分包商，为其他事业部提供所需要的服务。

功能性部门的重要性，可从英特尔的职员有 2/3 是在功能性部门服务看出。有那么多人在功能性部门中，到底能带给一个企业什么样的好处？

第一个好处是形成了规模经济。以信息处理为例，大型、精密的计算机设备非常昂贵，如果每一个事业部都能从总公司的主机计算机搜索或提取资料，这台大型主机不但能物尽其用，还能让全公司的作业更为方便。

第二个好处则是，我们可以依据整个企业内部的需求顺序，来转移或分配企业资源。以制造部门为例，因为制造部门是功能性部门，所以我们可以依据市场及各事业单位的需求，弹性地改变制造的产品。但如果每一个事业部都有自己的制造部门，在产品线上的转移将会变得困难许多。

第三个好处是技术支持人员的专业知识，在这个企业中的各部门都能得以分享。这样的组织架构，使英特尔的各事业部得以在业务拓展上全力以赴，而不必在计算机制造或科技发展等事情上伤脑筋。

当然，功能性部门中有这么多人也是有缺点的。最糟的是，当各事业部对功能性部门有需求时，功能性部门有时会吃不消。甚至只是提出要求这件看似简单的事，在这样的组织架构中都可能很困难——因为一个事业部门可能必须经过好几道关卡，才能将信息传递给主要决策者。

最明显的是在各事业部沟通如何分配总公司有限资源

的时候——不管是分配产能、计算机使用时间还是办公室的面积，表面上大家是在沟通，但事实上经常是激烈的明争暗斗。不管是沟通还是明争暗斗，其实都是浪费时间和精力，对公司的产出没有一点好处。

那么任务导向的组织又有哪些优点呢？只有一项——事业部可以很清楚地知道它本身的需求是什么，并会针对需求迅速进行调整。虽然任务导向组织仅有这一点好处，但因为不管哪个行业都是以应对并满足市场需求为制胜基础的，所以这点好处就变得十分重要。因此很多组织选择了任务导向形态，以维持企业弹性。

经理人不断地在这两种极端的组织结构间寻找最佳平衡点，英特尔自然也不例外。不管是资深的高级经理还是逾百位中层经理人，他们都努力地想让部门及公司更好。但不管我们花了多少时间研究可能的组织架构，最后还是得出以下结论：混合型组织架构无可取代。这便是英特尔今日的组织形态。

ABC 计算机公司的组织整合

以下是我用之前读到的一篇报道，来证实混合型组织对企业而言是必要的。诸如此类的报道经常可以见到，在下文中我修改了事件相关者的名字以减少纠纷。

（加州圣克拉拉讯）成立三年的 ABC 计算机公司日前重整其组织架构。重整之后，公司将分为三个产品事业部。公司创办人及原工程部门总经理约翰·多伊将担任系统事业部总经理，半导体事业部总经理将由原营销及业务部门总经理威廉·史密斯担任，而原产品设计经理罗伯特·沃克将担任个人计算机事业部总经理。三个事业部均须向 ABC 计算机公司总经理兼总裁山姆·西蒙报告。各事业部自行负责产品规划及营销事宜，销售及制造则部门交由总公司新任业务副总经理艾伯特·埃布尔及制造副总经理威廉·沃瑞掌管。

你也许已经看出，这篇报道中职位转变的轨迹和我们之前的分析不谋而合。随着公司日渐成长，旗下的产品线会越来越多，所要管理的事务也会成倍地增长。因此，将产品事业群分开，给它们更重要的位置自有其必要。但如同这篇报道中暗示的，销售及制造部门等仍将由总公司直接控管，因此才能同时对这三个任务导向的产品群提供功能性支持。

不仅早餐连锁店、军队、英特尔和 ABC 计算机公司属于混合型组织，其他组织随着成长，都将不可避免地成为混合型组织。所有我所知道的营利或非营利机构也都是混合型组织。再以大学为例，我们可以将英文系、数学系、信息系等视为任务导向部门，而人事处、警卫室和图书馆等管理部门，则提供功能性的服务。

我们再看一个有点特别的混合型组织架构的案例：美国非官方的青少年创业辅导中心，其下的每一个分会都独立运行，自行决定他们要提供给青少年创业家销售的产品、营销策略及所有相关事项。总会则负责每个分支单位的架构、分会需要提供给总会的文件资料，以及中心的总利润如何以运营绩效分配。

不只是大型企业才会采用混合型组织架构。我有一个律师朋友服务于中小型的律师事务所，他告诉我，有一回他们的事务所想解决诸如办公室空间及速记人员等有限资源分配的问题。最后他们决定设立一个委员会，这个委员会将在不影响每一个律师处理案子（任务导向）的情况下，负责资源获取以及分配等事宜。这是小型组织但具混合型架构的例子。

这样看来，好像所有组织都会不可避免地采用混合型架构，到底有没有例外？我所能想到的唯一例外是“企业集团”，因为对集团来说，各子公司都是任务导向的。为什么这是个例外？因为这些子公司之间并没有同样的经营目标，每个子公司除了整个集团的盈利或亏损，并没有直接关系。但如果我们将焦点放在每个子公司上，我们又将发现它们其实都还是混合型组织。

当然，每个混合型组织还是各有不同，因为在极端的功能导向和任务导向之间，充满了太多的可能性。事实上，一个企业或组织，可能因为现实上的考虑，而不断地在这两个极端间游走。

举例来说，一个公司为了提升它的信息系统品质，可能会决定采用中央大型计算机以获取规模经济；相反，这家公司也可能在不牺牲规模经济的情况下，在各任务导向的事业部门安装小型的计算机。一个企业应对此问题的方法不胜枚举。但重要的是，在决定两个极端之间的那个平衡点之前，必须先考虑企业的运营风格，以及这些事业部门主管的做事态度。

之前已经提过，所有大型企业迟早都将面临混合型组织带来的问题。这样的组织若要有效运作就得解决一个最关键的问题，那就是如何在最短的时间内制订出资源分配的最佳方案，并且有效地解决其可能产生的冲突。

这个问题颇为复杂。总公司强制性地独裁分配通常解决不了问题。若干年前我曾在匈牙利目睹过最糟的情况。那时候的匈牙利政府有个专门负责规划并决定该生产哪些产品、何时生产以及在何地生产的单位。他们有一套牢不可破的理由支持这种做法，但实际上却经常和市场消费者的需求相去甚远。

我在匈牙利时做过业余摄影师。冬天的时候我买不到一卷对比度高的胶卷；但一到夏天，高对比度的胶卷随处可见，反倒是一般的胶卷奇货可居。年复一年，这个中央规划单位的行动越来越笨拙，已经完全无法预测并满足市场需求了。

在企业管理上，如何分配资源并协调各事业部门间的需求，本就是管理的主要工作之一。但实际上，这种资源分配的工作量往往不是一个功能性部门负荷得了的。

如何善用中层经理人是解决这个问题的关键。在一个公司里，中层经理人为数较多，而且最了解获取及运用内部资源的方法。要达成这项高杠杆率的任务，中层经理人要先做到两件事情：第一，他们必须接受混合型组织这个不可避免的组织类型；第二，他们必须发展出一套管理类似组织的方法——双重报告，这也是我们将在下一章中谈论的主题。

第 9 章

双重报告

> 双重报告以及同级群体想要发挥最大效能，健全的企业文化绝对是关键。

为了实现人类登陆月球的壮举，美国国家航空航天局找来大大小小的分包商共襄盛举，每个分包商负责不同的任务。

“矩阵式管理”便是这个壮举下的非预期副产品。这是组织管理发展史上一项重要的进程。通过这种管理方式，可以协调并管理各分包商负责的工作，避免因为其中一个分包商出了问题而耽误了整个进度，资源也可以更自由地调度。如果有一个分包商延误了完工时间，公司可以靠另外一个按时或提早交工的分包商弥补时间上的损失。

矩阵式管理极为复杂。市面上有太多关于矩阵式管理的书，有些学校甚至设置整个学期的课程来讨论这一管理模式。这种管理的主要理念是：外部厂商的专业经理人对项目的影响，可能与公司内部的经理人一样重要。在美国国家航空航天局的例子中，分包商的经理就和航天局的项目经理在同一级别。

航空航天局尽最大可能扩展“双重报告”，但实际上，这样的管理方式已悄然运作多年。矩阵式管理让混合型组织架构得以有效运作，不管是你家附近的学校还是美国的通用汽车公司，甚至早餐店的连锁店都深受其益。现在就让我们来看看当初英特尔为何采用双重报告系统吧。

工厂安保人员该向谁报告？

英特尔创立之初，我们便意外地建立起了双重报告的雏形。在一次员工会议中，我们的议题之一是“新厂的安保人员应该向谁报告”。

有人主张这些安保人员应该向厂长报告。但厂长的背景或经验通常是在工程或制造方面，他对维护治安方面的事几乎一无所知，而且也不太关心。另外一部分人主张应该向安保处主任报告。因为安保人员当初是他招进来的，而且他是这方面的专家，所有安保守则或注意事项等都是由他制定的，何况新厂大部分的安保守则也应该和总厂的大同小异。

这些人的主张看似言之有理，但有一个问题：安保处主任的工作地点在总厂而非新厂，他怎么知道新厂安保人员到底有没有按时巡逻？经过一番争论和思考之后，我们想出了一个法子——也许可以让新厂安保人员既向总厂安保处主任报告又向分厂厂长报告。前者可以指示工作内容，后者则可逐日做绩效考查。

这个安排看似解决了所有的问题，但与会人员并不完全满意。一个人有两个老板，那他到底归谁管？而且一个人能不能有两个直接领导？不管怎样，最后我们决定先放手一试。英特尔第一个双重报告系统，就在多方质疑之中诞生了。

双重报告其实非常重要。我们只要看一下经理人在公司里的成长过程就可以了解这一点。通常经理人职业生涯的第一步只是做个“个人贡献者”——不管人，只管事。他也许是个业务人员，如果他业绩突出，可能会被提升为业务经理，掌管销售业务。

如果他的部门因为他卓越的领导才能而成为业务部龙头，他可能会被提升一级，负责整个美国中西部的业务。如果是在英特尔，这时他负责的便不只是业务，他还得管理一些应用工程师——这些人在科技方面可能比这位区域业务经理懂得多得多，但还是得归他管。他一路往上爬，直到有一天成了某一个事业群的总经理。尽管他在其他方面懂得很多，但在制造上可能只是略知皮毛。在一般的管理事务上他已得到广泛的认可，但一遇到制造方面的科技问题他还是得虚心求教，并将问题交给相关下属处理。同样，我们也会看到制造人员向有财务或工程背景的人报告的情况。

我们可以指定一位资深的制造经理或厂长负责带领这些制造人员，让这些原本应向总经理报告的制造经理转为向资深制造经理报告。这样的情况越来越多，英特尔几乎完全成了功能性组织。事业群的总经理逐渐丧失其掌管财务、营销、工程、制造部门以应对市场需求的能力。但是我们不能因为只顾及制造上的管理，就牺牲了响应市场需求的敏捷性，而解决的方法便是双重报告。

“含混”是解决之道

你并不一定要指定专人管理一群科技人员。以下是一个很好的例子。

制造经理甲在公司餐厅里喝咖啡，制造经理乙随后走进来坐在甲旁边，乙的上司是个有财务管理背景的总经理。他们很快聊起来，谈一些最近出现的技术问题，并发现这些问题其实有很多相似之处。“三个臭皮匠，顶个诸葛亮”，他们决定将这样的聚会转为例行性的，并邀请其他部门的制造经理加入。

一个委员会或类似的组织就此形成。借此，这群科技专业人士就可以解决他们的上司无法协助解决的问题。技术方面的管理并不一定要设一位“科技总经理”，“同级群体”就可以解决问题。这群制造经理在双重报告的架构中（见图 9–1），便需要向其“个别的事业部总经理”以及以同级的专业人士为主组成的“科技制造委员会”报告。

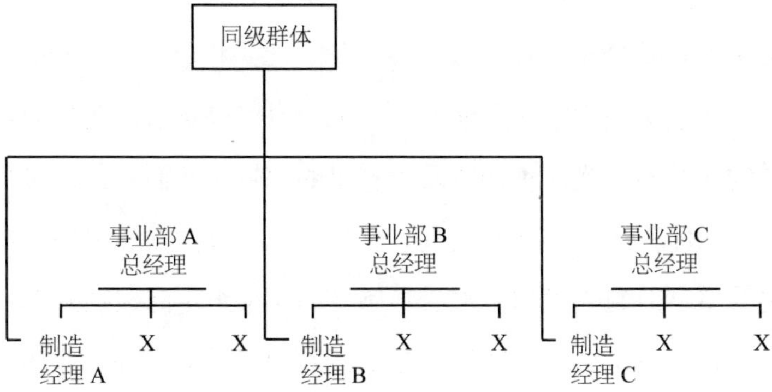

图 9–1　制造经理要向两个上司——总经理和同级群体报告

要使这样的架构顺利运作，同级群体中的个体必须牺牲自己在决策上的自由度。在大部分的情况下，他们都必须遵照科技制造委员会的决策走。这就好比你和你先生（太太）决定和另外一对夫妻同去度假。你明明知道如此一来会受到不少限制，出游时不能随心所欲，但因为你们觉得这样比较有趣（或者基于现实考虑——四个人刚好可共乘一辆车），所以牺牲一点自由也无妨。

在工作上也是如此，要让每个个体都愿意牺牲决策上的权限，关键在于这个同级群体要足以让人信服。这种信赖感能不能产生，近年来已不断地被广泛讨论。一个公司无法借助组织规章让员工产生“信任感”，而只能靠它的企业文化来建立信任。简而言之，这是一种对企业的认同，大家具有相同的价值观，且对事情的执行方式及优先级等有相当的共识。双重报告以及同级群体要发挥出最大效能，健全的企业文化绝对是关键。

在这种架构中，经理人的角色变得模糊不清，而且大部分的人并不喜欢这种如坠云里雾里的感觉。然而，这是混合型组织能否运作成功的关键。有些人想尽办法要让组织架构更简单，但到头来却白忙活一场。如果组织走向极端的功能性（只遵循理论，而忽视现实），工程设计或制造等类似部门就可能与市场隔离，对消费者的需求一无所知；而过度任务导向的组织，虽然有明确的从属关系及任务目标，却可能因为公司资源无法有效整合及分享，导致整体绩效无法提升。

英特尔之所以成为混合型组织，绝非因为我们喜欢这种含混的感觉。我们试过其他看似明确的组织架构，但就是行不通。混合型组织与伴随而生的双重报告系统，事实上并不是什么了不起的制度，只不过对企业而言，恰巧是最合适的架构，仅此而已。

两个上司

为使混合型组织有效运作，你必须找出方法让功能性的部门满足任务导向部门的资源需求。

以英特尔的审计人员为例，他们工作的方法及标准都由财务部门决定。他们还必须分别向功能性部门及任务导向部门的上司报告，而这两类上司的需求可能互异：事业部总经理因为任务导向的动机，可能要求会计人员赶快处理某一项生意上的问题；而财务主管可能较关心审计人员处理账目时是否会依照会计准则以及编制账务的效率等。一位审计人员如果做得好，财务主管也许会考虑他的升迁问题，或者将他调到更大的部门处理更复杂的问题。如图 9–2 所示，我们将再一次验证双重报告在混合型组织中的重要性。

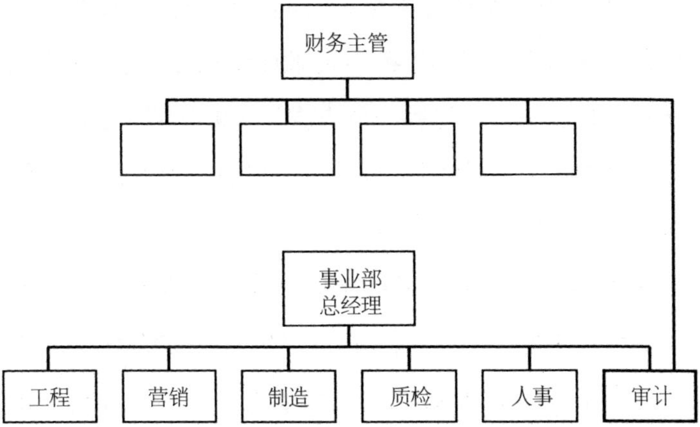

图 9–2　一个事业部的财务人员也同时受两个组织掌控

在一个企业中，诸如此类的例子比比皆是。现在再让我们看一个公司的广告预算政策。到底应该让每个事业部负责自己的广告，还是由总公司的广告部门来策划呢？两者各有利弊。各部门当然了解自己的营销策略，而且也没有人比他们更了解自己的目标市场，以及他们想传达给目标受众的信息——这似乎已暗示我们应该让各部门负责自己的广告。

但从另一个角度来看，各事业部的产品集中在一起，事实上更能解决消费者的问题。一个经过整合的广告脚本，可能比让各种产品在媒体上单打独斗更能触动消费者的购买欲，进而创造更多利润。此外，广告牵涉的也不只是产品本身，还包括公司形象。为了维持形象的一致性，除非不得已，否则我们实在不应该让各事业部自己去找广告公司，各起各的炉灶。

就像解决其他混合型组织内的冲突一样，双重报告是最佳的解决方案。我们让各事业部的营销经理负责收集产品该传达的广告信息，然后一个由总公司采购经理主持、各事业部营销经理都参加的小组，会全权负责所有的广告相关事宜。

举个例子，这个小组可能负责找广告代理商，制定企业形象标准手册，以作为各部门在处理广告图像时遵循的依据。这个小组甚至可以设定各营销经理与广告代理商交涉时的权限，并借公司的总广告量优势和媒体谈折扣，降低广告的成本。但无论如何，主要的产品信息还是应该由各营销经理决定。

这样的广告计划双重报告流程对营销经理们的耐性无疑是一大考验。因为他们除了自己负责的产品，还得了解其他产品营销经理的需求以及思维逻辑。于是，为了既顾及个别产品能完美传递出的信息，又同时维护一致的企业形象，只能选择双重报告。

我们可以看到有各式各样的组织演进成为混合型组织。不论是什么产业，都必须发展出积极的双重报告模式。下面是《华尔街日报》上一篇有关俄亥俄大学的报道，括号里是我加的注解：

管理一所大学绝非易事。俄亥俄大学校长说："制定决策的责任要由各处室（功能性部门）及各系（任务导向部门）共同分担。"俄亥俄大学规划委员会（同级群体）正式成立。这个委员会由各系及处室遴选出来的代表组成，在校务预算被大幅度削减时协助分配有限的资源（最困难且常见的问题）。"我们学着以整体的视角来看问题，"其中一位规划委员说，"我代表的是教务处，今年处里面有几个项目必须抢预算。但在开会时，我竟帮要买推土机的部门讲话。"

不论是公司还是大学，混合型的组织架构都很有必要。但不管是混合型组织还是双重报告，都不应该增加额外或不必要的工作。

我们应该毫不留情地扫除官僚，力行工作简单化，将焦点放在真正必要的工作上。但是我们不该逃避因为报告系统转变而产生的复杂性。不管你喜不喜欢，混合型组织已成为今日企业随处可见的组织类型。

“二度空间”组织

如果一个人参与协调工作，而这项工作并不属于他例行的工作范围，那么这也算是一种“变形的双重报告”。

还记得之前提到的技术支持人员辛迪吗？她专门负责某一特定工艺的改进和维护。她的直接领导是一位资深工程师，而这位资深工程师又向这个厂的总工程师报告。辛迪每日例行的工作包括操作仪器、留意工艺监控器是否正常，如果出现状况则负责调整。

除此之外，她还有另外一项工作，就是每月例行地和其他厂同样负责工艺的人开会，讨论并设法解决他们在各厂碰到的工艺问题。

这个协调小组的主席还负责制定各厂通用的准则，而协调小组则由一个层级更高、由各厂的总工程师组成的总工程师委员会管辖。辛迪在组织中的地位可在图 9–3 中看出。

辛迪 80% 的工作时间用于执行工艺工程师的任务，她和资深工程师之间的从属关系非常清楚，资深工程师往上则是该厂的总工程师。但身为工艺协调小组中的一员，她则受小组主席管辖。所以在这个组织架构中，我们可以看到辛迪的名字出现在两个组织中，而这两个组织各有其功能：一个是负责该厂的工艺，另一个则是协调各厂的运营。辛迪要受两个老板领导，双重报告就在这里体现。

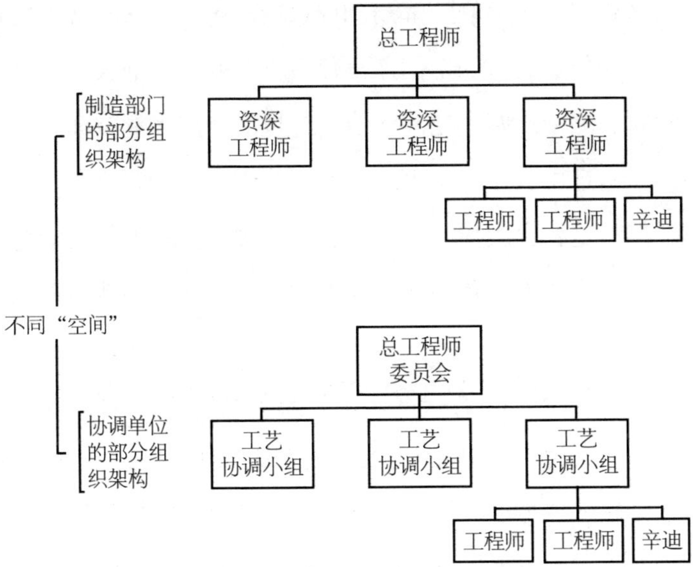

图 9–3　辛迪的名字同时出现在两个组织中

因为辛迪身兼二职，我们不妨把“协调小组”当作另一个组织或是另一个空间，这听起来很复杂，其实不然。如果辛迪是个教徒，她可以同时是她所属教会的成员和英特尔的员工。对辛迪而言，两者毫无冲突。同样，她是协调小组中的一员，就像她是教会成员一样。

辛迪同时为两个部门提供她的专业技术，使她在英特尔能够发挥更高的管理杠杆率。她的主要工作只与一个厂的工艺有关，但通过协调小组，她在工艺上的专业能力可以影响到所有工厂。所以我们认为，通过这种小组，可以提升经理人的管理杠杆率——对技术支持经理人尤其有用。

这种“二度空间”的组织概念在企业中也很常见。负责规划和负责运营的部门通常分属不同空间。而如果一个企业的职员能分属两个空间，他同样也能在更多的空间之间游走。辛迪也可以在其他事情上发挥才干。这就好比她在英特尔工作，是教会成员，同时又加入了她所在镇上的公园管理委员会。这些不同角色彼此并不冲突，虽然都必然会占用她的时间。

另外一个可能的状况是，从属关系随空间的转变而互换。举例来说，我是英特尔的总经理，但在另一个空间里，我是战略规划小组的一员，这个小组的主席则是英特尔某个事业部的财务主管。这就好比我是位后备军人，仅在短短的一两天里，受命行事，而在营区下命令的人恰巧是这位事业部财务主管。平时我可能是他上司的上司，但在军营里，他的军衔比我高。

这种二度或者多度空间的组织架构非常管用。没有这种架构，我可能得负责一切，但有时我根本没有时间，甚至不能胜任。多度空间的架构让一个人随着组织需要改变其角色，时而当将军，时而当士兵，组织应变的能力随之大幅提升。

我们提到的很多小组都是暂时性的，有些只是针对某一事项（例如商业展览），或是将一群人聚集起来交换意见以解决特定问题。不管是哪种情况，小组都会因事项结束或是因问题解决而解散。随着环境变化越来越快，问题越来越多，我们也越来越需要这种临时性的组织。

高科技产业唯有靠着多度空间组织，才有办法应对日新月异的科技发展。也唯有当混合型组织架构、双重或多重报告体系健全之后，多度空间才会真的产生意义。所以这些都取决于企业文化，这便是下一章的重点。

第 10 章

每个人都听命于三个“长官”

> 控制模式必须因时制宜，一药不能治百疾。

现在让我们来看看人的行为如何被控制或影响。

如果你的车子需要换轮胎，你可能会先到当初买车的经销商那里去看看他们可以提供哪些选择，然后你可能会到其他修车厂做个比较，你还可能会翻翻消费杂志来个货比三家。但到最后，你只会以一个标准来做决定：你的自身利益。你想要以最小的代价满足需求。在这种买卖关系中，你会站在经销商或维修厂的立场考虑的可能性极小。因为你并不关心他们的利益，你不会笨到去告诉卖给你轮胎的人应该抬高价钱多赚你一点。

这会儿你换了新轮胎开车上路，没多久便碰上了红灯，你只好停下车。你有没有想过为什么要踩刹车？从来没有。“红灯停，绿灯行”只是一个再简单不过的交通规则，人人都必须无条件遵守。如果驾驶人不遵守这项社会契约而在绿灯时停车，交通很快就会一团混乱。而交通警察就是要监督大家遵守这些契约，并对违约者加以惩罚。

绿灯亮了，你踩下油门继续前进。不幸的是，在你眼前发生了一场严重的交通事故。你很可能会暂时丢开诸如“不可随意在高速路停车”等交通规则或者你的自身利益，径自上前帮助车祸的伤者。你这么做甚至还冒着事后被人反咬一口的风险。此时控制你如此行动的因素已经和你买轮胎或者红灯停车时的因素不同，既不是自身利益也不是遵守法律，而是对别人生命的关注。

同样，我们在工作上的行为，主要也受着如下三项无形但极具效力的因素控制：

（1）自由市场因素。

（2）契约义务。

（3）文化价值观。

自由市场因素

当你买轮胎时，你的行动基本上由自由市场因素控制——围着价格打转。买卖双方（不管是个人、组织还是企业）都在想尽办法提高自身的利益。

无论买卖的项目是商品还是服务，买方都想以最低价格买进，卖方则想以最高价格卖出，这个原则绝不会改变。交易双方都不会去关心对方会不会因为这桩买卖而破产。这种交易方式极有效率，没有人必须做整体考虑，大家各扫门前雪，各顾各的利益。

那么，为什么我们不能把自由市场因素纳入所有情况来考虑？因为如果要使这个因素起作用，买卖的商品或者服务的价值必须能以金钱衡量。自由市场很容易就能决定轮胎的价格，但工作上有太多其他的因素，因此并不容易决定其价值。

契约义务

两个公司之间的交易行为通常是由自由市场因素控制的。我们从供货商那里进货时，总是希望以最低的价格完成交易；同样，供货商也希望赚得越多越好。

但价值难以判断时应该如何做？举例而言，有一群工程师共同负责完成一件工作，我们该怎么认定工作完成后每个人的贡献价值？在这里，自由市场的观念一时似乎派不上用场，因为这群工程师的价值并不能简单地被决定。

于是你找来这群工程师，告诉他们："这样好了，在未来一年，我出一笔钱聘请你们，但你们必须同意帮我做这些事。我们必须签订契约。你们每人会有一间办公室，有一台计算机，而你们必须尽全力表现。"

这种控制的因素属于契约义务，该做什么以及标准如何都应尽量以白纸黑字写清楚。但无论如何，我还是不可能事前规定这些工程师每一分每一秒该做些什么，所以我对他们的工作必须有管辖权。因此工作契约中也包括了我对他们的管辖权，必要时我可以评估或纠正他们的工作。在就这些大原则达成一致之后，我与他们还会再约定一些彼此遵守的细则。

现在让我们回到"红灯停"的例子，事实上，我们也期待其他驾驶人能遵守红灯停的规则，让我们在绿灯时能够畅行无阻。

但对于不遵守交通规则的人，我们便需要警察来维持秩序。要设立这种监督角色，就得花一笔人事费用。

日常生活中"契约义务"的例子甚多，税制便是其中之一。我们付出劳动所得的一部分，希望政府能提供我们需要的服务。为了监督整个制度，便产生了一笔不小的间接费用。

在美国，各地的电力公司代表可能会找州政府的相关人员洽谈："我们愿意投资 300 万美元在此建立发电厂以提供电力，但前提是你必须保证我们的独家经营权。”

州政府则可能回答：“没问题。但我们不能让你哄抬电价。我们会成立一个电力委员会负责监督，你们的电价和利润必须由这个委员会决定。”这时双方的契约义务就形成了——为了独占市场，这家电力公司日后必须听从州政府电力委员会有关电价及利润多寡的决策。

文化价值观

当环境变化快到我们来不及改变规则以应对，或是发生了契约无法处理的状况时，文化价值观便决定了我们的行动。

文化价值观的要旨在于“大我胜于小我”，团体的利益先于个人的利益。文化价值观起作用常与一些情绪性的抽象字眼——诸如“信赖”联系在一起，因为你必须相信牺牲私利最终是对你有好处的。这种信赖的产生，取决于这个“大我”中的个体必须有同样的价值观、同样的目标，甚至同样的行事准则。以上三者的建立，则在于这群人是否有相同的经验及背景。

经理人的角色是个耐人寻味的好例子。如果企业活动可单纯依靠自由市场因素运作，那么管理几乎无用武之地。跳蚤市场不用人管，各个摊位的交易照常进行。但如果是契约义务主导行为，便需由管理单位负责规则的制定及修改以确保大家都依规定行事，评估绩效并设法改进。

但在文化价值观主导行为的层次上，经理阶层必须负责发展出一套组织内共享的价值观、目标以及行事准则，以建立个体对组织的信赖。经理人可通过训话等方式来传达信息，但言传不如身教，最好的方法还是以身作则。如果经理人日常行事都依照组织的价值观及目标，公司里的人自然会有规可依。

我们很容易误以为文化价值观是最好的控制模式，这种想法非常类似于“人性本善”，甚至带点乌托邦的意思，期待每个人都愿意牺牲小我实现大我。

但控制模式必须因时制宜，一药不能治百疾。以文化价值观来引导轮胎的买卖或是税费的征收只会弄得一团糟。在每种不同的情况下，都会有一种最适当的控制模式。如何找出此模式并加以运用，便是经理人的责任。

该哪一位“长官”出场？

为了找出企业中适当的控制模式，我们必须了解两项变量：一是，个体关心的是团体还是自身的利益？二是，这个个体所处的工作环境的本质。

我们以 CUA（complexity, uncertainty, ambiguity）指标来

衡量一个工作环境的复杂性、不确定性以及指令的模糊性。之前提到，工艺工程师辛迪不仅面对着变幻莫测的新科技，以及各式各样新开发的仪器，她还必须在产品开发工程师和制造工程师这两群人之间周旋。辛迪的工作环境无疑充满了复杂性。

而营销经理布鲁斯则苦于人手不足，他的上司在听完他的报告后只是敷衍两句，让他搞不清楚是该增加人手还是另谋解决之道，可见这个工作环境的不确定性极高。

英特尔的运输经理迈克则必须和大小委员会以及各部门制造经理协调，他常常搞不清楚到底该听命于谁。最后他终于因为受不了这种模糊性的指令而辞了职。

在图 10–1 中，我们可以看到 4 个象限。纵坐标表示个人关心的是群体利益或自身利益；横坐标则代表工作环境的 CUA：复杂性、不确定性以及指令的模糊性。现在我们要找出各象限最适合的控制模式。

当个体关心自身利益，而环境的 CUA 低时，买轮胎例子中的自由市场因素便派上用场；而当个体转向关心群体利益时，“红灯停”的契约义务便成为最佳控制模式；当“大我”（群体利益）先于“小我”（个体利益），而 CUA 偏高时，以文化价值观来控制行为最能产生效果。这也可以解释为什么我们在车祸现场会设法停车帮助伤者。但如果 CUA 高而个人又只关心自身利益，任何一种控制行为的模式都将失效。这种情况就如同发生海难时，每个人都只顾着保全自己的身家性命，结果造成了混乱一样。

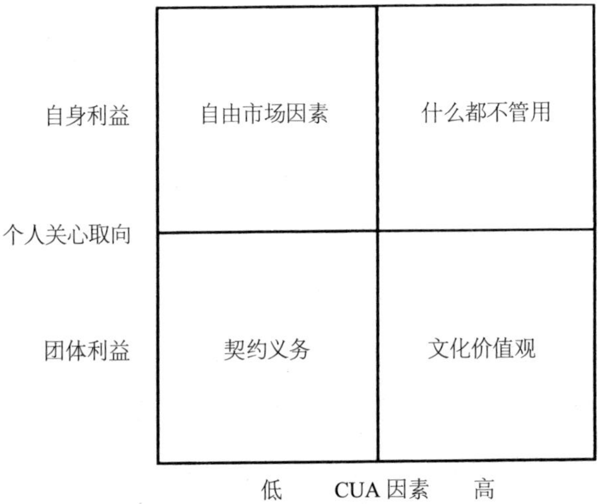

图 10–1　经理人要选择最好的控制模式

让我们把这套理论套用在某个刚进公司的新人身上。由于初来乍到，他无疑比较关心自身的利益。因此，你应该给他明确的工作架构，降低复杂性及不确定性。

过了一阵子如果他表现不错，就会对这个环境比较有归属感，也因此开始关心公司。他开始了解，这艘船若要早点到达目的地，最好的办法是帮着努力划船，而不是独自扬帆。

然后他可能被晋升到一个复杂性及不确定性都变高的职位（通常钱也赚得比较多）。随着时间的推移，他会从公司其他人那里学到以及自己积累更多的经验，进而能处理更不确定的情况以及更复杂的问题。这也是为什么企业文化较强的公司较倾向于内部提拔：刚进来的新人通常职位较低，工作范围明确、不复杂。经过一段时间后，他会从同事、上司甚至下属身上学到企业的文化价值观、目标以及行事准则，逐渐能够接受并面对各种复杂问题、不确定性与多重指令的挑战。

但如果我们外聘“空降部队”来担任高级经理时又该如何？

就像起用任何新人一样，一开始这个高级经理还是比较关心自身利益。但身为高级经理，他难免会被指派管理一个有问题的部门——毕竟这是我们从外面找人的原因。此时对这个经理人而言，他面临的不仅是烫手山芋，还有环境里很高的 CUA；同时，他也尚未建立起属于这个企业的价值观与行事准则。在此状况下，大家只能求老天保佑他能赶紧忘掉私利，以“大我”为前提，并设法降低 CUA。如果他做不到这些，恐怕很快就会被撤掉。

“长官”无所不在

无论什么时候，只要我们有行动，总会受控于上述三种控制模式之一。如果我们把时间的范围放广，便会发现三种模式不时交错地影响着我们。我们以鲍勃这个营销专员为例。当他在自助餐厅买午餐时，他受自由市场因素影响。他的选择非常清楚，基本上可以用他愿意花多少钱来买他要的东西来解释，单纯的两相情愿。然后他回到办公室，这个行为是契约义务。公司付钱买他的工作绩效，当然也表示他必须出现在办公室里。而鲍勃出席额外的战略规划活动则出于他对公司文化价值的认同。因为这部分内容并不包括在当初他跟公司签署的契约或例行工作之中，为此他必须另花时间和精力。但因为对公司有认同感，他愿意牺牲自己的时间。

我们再举个例子。芭芭拉负责训练业务人员销售新产品。她购买培训器材时，自由市场因素便开始介入：她想要以最低的代价得到她想要的品质。接下来她开设的培训课程本身就是一个工作上的契约义务，业务人员“期待”各事业部门定期开设培训课程。虽然你在公司的政策中找不到“定期开设培训课程”这项条文，但这仍然是契约义务。在这里要提的重点是：有时虽然只是“期待”，其效力仍可等同于契约条文。

业务人员都不只销售一种产品，但每一个产品经理都希望业务人员能全力提高其负责的产品线业绩。在这种情况下，如果各产品经理不能以公司整体利益为先，那么不管是培训课程还是促销活动都将变得一团糟。这种各事业部门之间的协调，便是由企业文化价值观主导。

我也曾听过一群营销经理抱怨公司里的业务人员只顾私利，他们说业务人员只顾那些佣金或奖金较高的产品。比起业务部门的人，他们觉得自己总是以公司的利益为先。

但其实营销部门的人才是引诱业务人员向利益看齐的人，是他们自己搞出名目繁多的奖励形式来举办各式各样的销售竞赛，动不动就以关岛、夏威夷旅游或是名牌轿车来利诱。各产品经理真正竞争的是业务人员有限的资源——时间。而业务人员的反应也不过是利之所趋，人之常情罢了。

业务人员并不总是“道义放两旁，利字摆中间”。曾经有一次，英特尔的某个事业部出了问题，连带使该产品线部门的业务人员几乎一年没有东西可卖。虽然他们可以随时卷铺盖另谋高就，但大部分人还是留了下来。他们能留下其实就代表了对公司的认同，相信只要咬紧牙关总会突破困境。这种信任绝对和自由市场因素无关，而是一种认同企业文化价值的表现。

High
Output
Management

第四篇
谋事在人

第 11 章

激励下属参加比赛

将办公室变为竞技场能培养下属的运动家精神：求胜但不怕输，并随时向自己的极限挑战——这是一个团队能不断前进的主要动力。

前面我说过一句很重要的话："一个经理人的产出，是他所管辖和影响力所及的组织产出的总和。"换个角度看，这也说明了管理是一种团队活动。就像打篮球，不管教练再怎么强，仍然得看队员们的努力。如果这些个体不尽他们的全力，我们之前所提到的种种管理招数便没用。接下来我就要教你怎么激励你的队员超越极限。

如果一个人没做好他该做的事，只有两种原因：他不是"不为"就是"不能"——前者是缺乏诱因，后者是无能为力。至于是“不为”还是“不能”，我们可以用一个小小的测验来判定：如果这个人的小命得靠做这件事才能保住，他肯不肯做？如果他肯，说明他能做，之前便是“不为”；反之，如果他不肯，则之前不做便是“不能”。如果我的生命取决于我能否拉好柴可夫斯基的小提琴协奏曲，我大概只好投降；但如果生死存亡取决于能否在 20 分钟内跑完 5 000 米，我一定会放手一搏。并不是我喜欢跑 5 000 米，只是形势逼人，“蝼蚁尚且偷生”。

让下属超越极限，是经理人种种任务中最重要的一项。要应付之前提到的“不能”和“不为”，经理人得用上两个法宝：培训与激励。在图 11–1 中，我们可以看到这两者对促进个体绩效各有侧重。先让我们把重点放在激励上。

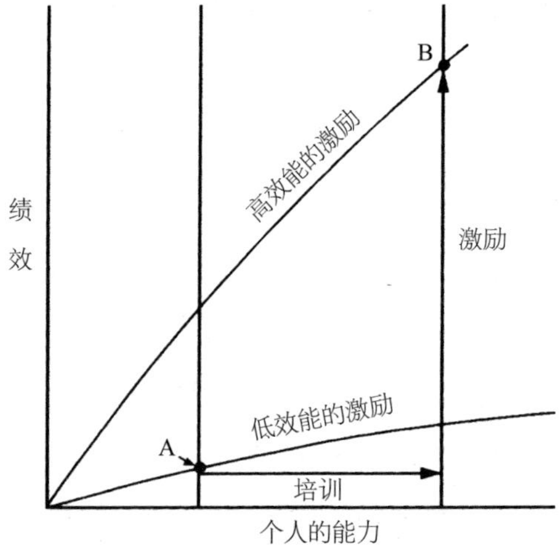

图 11–1　经理人能通过培训或激励来提高下属的绩效

经理人应如何激励下属？对大部分人来说，激励这个词暗示着“对某个人做某些事”（威胁、利诱等）。我认为不然。激励要能产生效能，必须要当事人发自内心地表现。而经理人所能做的只是创造出适当的环境，让受到激励的人能好好表现。

个体的需求

激励是用来提高绩效的，而不是改变一个人的情绪或者态度。

如果一个下属说他觉得受到了激励，那对整个组织并没有什么帮助。我们真正在乎的是随着外在环境的改变，他的绩效是否能随之提高。我们也许可以将他的态度当成指标——就像在黑箱上开窗检视“激励是否运作正常”一样，但“态度”并不是我们要的产出或结果。我们追求的是下属有更卓越的表现。

在西方历史的早期，甚至一直到工业革命之初，恐惧以及惩罚在激励中都扮演了重要的角色。那时人们因为害怕生计无着而工作。他们如果不工作就没钱买饭（面包）吃；而如果去抢去偷不幸被逮，又会被送上断头台。会被惩罚（没饭吃或身首异处）的恐惧间接刺激了他们在工作上卖命。

但随着工业革命的结束，恐惧、惩罚等激励手段逐渐被其他较为人性的方法取代。这些较为人性的激励方式源于员工已不再只是出卖劳动力，他们也贡献技术和知识。靠体力劳动的生产线作业员的产出很容易衡量，因此只要没达到标准就会被发现；但对用脑的员工来说，要衡量绩效就得花上一段时间，有时甚至很难列出衡量的标准。

换句话说，你可以用令人恐惧的方法来让中古时代的奴隶拼命帮你划船，但你的计算机工程师可不吃这一套，所以才有了对这一类人较为人性的激励方式。

基于我在生活和工作中的长期观察，我个人较为偏好马斯洛的需求层次理论。在马斯洛的理论中，激励和需求的关系十分紧密。人因需求而产生动力，而一旦某项需求得到满足，这项需求便不再是激励的来源。简单地说，如果我们希望激励能一直有效，必须先确定下属仍有一些需求尚未得到满足。

只要是人，不管什么时候总是有各种不同的需求。这些需求也总是有优先级——某些需求会比较迫切地需要被满足，而这项需求便决定了某个人能否受到激励，以及他的工作绩效能否因而提升。图 11–2 展现了马斯洛的需求层次。当较低层次的需求获得满足后，个体的需求通常会向上晋升一级。让我们来逐项分析。

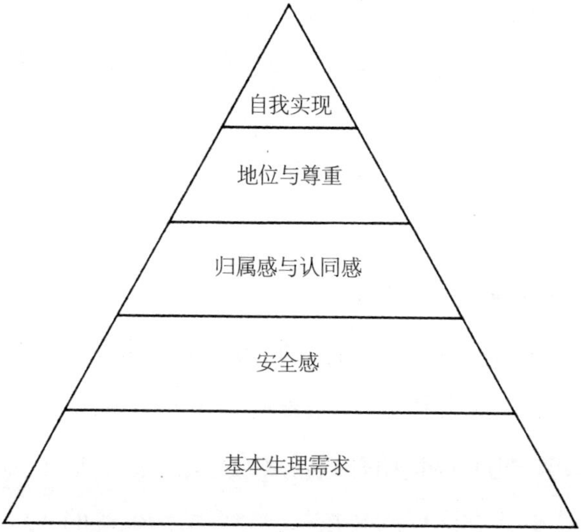

图 11–2　马斯洛认为人的需求是有层次顺序的，当较低层次的需求被满足时，才可能产生较高层次的需求

◆ 基本生理需求

这个层次的需求通常只要有钱就能解决，例如：衣、食、住、行，以及日常生活中其他不可或缺的事项。恐惧经常会伴随此类需求：个体会害怕没饭吃或是没衣服御寒等。

◆ 安全感

这种需求是当个体希望不要再面临基本生理需求匮乏的恐惧，不用再担心三餐不继以及其他类似情形时所产生的需求。举个例子，如果一家公司提供了完善的医保制度，员工们便不用担心发生意外时无力支付医疗费用，这种福利虽然不是员工受到激励的主要来源，但显而易见，如果公司不提供保险福利，员工可能会产生担心，工作绩效无疑将受到影响。

◆ 归属感与认同感

人是群居动物，因而也有归属于某团体或受别人认同的需求。但人又十分挑剔，“阳春白雪”可不想和“下里巴人”混在一起，他们只想和有共同点的人在一起。情绪高昂、有自信的人会想和同样的人在一起，而情绪低落的人只想与同样沮丧的人为伴。

归属感或认同感的需求有时可能十分强烈。我有一个朋友在当了好几年全职太太后重回职场，她的家境十分富裕，但她这次找到的工作薪水却不高，对她家的经济几乎没什么贡献。有一阵子我百思不得其解，搞不懂她为什么要去上班受老板或顾客的气，但后来我终于明白：她需要归属感。重回职场让她可以和一群她喜欢的或和她相似的人在一起。

另外一个有关归属感的当事人是英特尔一位年轻的工程师吉姆。他毕业后即在一家历史悠久的大公司上班，但他两个大学的死党都在英特尔。他们毕业后还是住在一起，因此吉姆经常听他的室友聊英特尔的工作情况及工作环境。更重要的是，他的室友在英特尔的同事多半也都很年轻，未婚，刚从大学毕业一两年；而吉姆公司里的同事大多已经结婚且大他 10 岁左右。因为在同事圈里觉得格格不入——虽然吉姆非常喜欢那份工作，他最后还是选择了跳槽到英特尔。

随着周围环境或状况的改变，我们需要被满足的需求也不断地在改变。在这里要提到的是英特尔的一位年轻经理恰克。故事发生在恰克读哈佛商学院的第一年。一开学，恰克就被教授及课程的难度吓住了，害怕考试过不了关。但没过多久，他便发现班上的同学其实谁也没比谁强多少。之后，同学之间开始组成读书会，表面上是复习或讨论课堂内容，真正的目的却是增强彼此的信心。

恰克的需求从基本需求——在哈佛商学院里求学，转为对安全感的需求。而随着时间的推移，各小组逐渐瓦解，班上同学彼此越来越熟。不久整个班便成了一个团队，成员开始有了归属感及对此团队的认同感，并努力维持这个团队的声誉。在此阶段，恰克便是在满足他的归属感及认同感的需求。

当然，需求也有可能从较高的层次退化到较低层次。我曾见过一个实例。英特尔在加州有一个厂，本来这个厂的员工士气非常高昂，但突然间员工们不再在乎高层次的需求，不再在乎高附加价值的硅片、工厂设备，甚至每天一起打拼的伙伴情谊——一场大地震把一切都改变了。在天摇地动的同时，每个人都回到最原始的求生需求，大家落荒而逃，拼了命只想找到最近的安全出口。

以上提到的三种需求层次：基本生理需求、安全感、归属感与认同感，都只是激励我们去上班，出现在公司里。而接着要提到的另外两个需求层次——地位与尊重及自我实现，才是真正激励我们在工作上追求更卓越表现的原因。

◆ 地位与尊重的需求

这种需求可以简单用8个字解释："有样学样，迎头赶上"。虽然大家通常对"打肿脸充胖子"嗤之以鼻，但如果你是个运动员，而你学习的对象是去年的奥运会金牌得主，或者你是个演员，而你将著名演员劳伦斯·奥利维尔①的演技立为学习标杆，这样的需求都会有助于提高工作绩效。

"地位"对每个人的意义各有不同，你所追求的可能旁人根本不屑一顾。如果你是个棒球校队球员而碰巧在路上遇到你仰慕的职业棒球队队员，你可能会像被电击到一样。但当你回到家告诉你老妈或是你那爱听古典乐的老弟时，他们可能连头都不抬。因为对不是棒球迷的人而言，职业棒球队队员根本不代表什么。

到目前为止我们提到的激励来源都有其"自限性"——一旦一个需求得到满足，这个需求便不再能够对个体产生激励

① 劳伦斯·奥利维尔（1907—1989），英国演员，一生共获得14次奥斯卡提名。——编者注

作用。当你达到一个既定的目标后，同一个需求层次里纵使还有其他目标没搞定，它们的重要性也会骤然降低。

我有个朋友还没到中年便面临了中年危机，原因是他的表现太好，公司很快就把他提为副总经理。这原本是他职业生涯计划的顶点，但在突然发现自己已爬到朝思暮想的位置后，他一时之间失去了动力来源，不得不再找其他的需求激励自己。

◆ 自我实现的需求

依照马斯洛的解释，自我实现就是将个人的潜能发挥到极致，“尽己所能，超越巅峰”。一旦某个人受激励的来源是自我实现，他工作的动力将不再受局限。这是自我实现有别于其他激励模式最重要的特点。其他的激励来源一旦在需求满足之后便不再生效，但自我实现将不断地激励个体往上突破。

有两种内在动力可以促使个体将能力发挥到极致：精益求精型和成就导向型。精益求精型一心在某件事上钻研琢磨，就像成名的小提琴大师，即使他的音乐会一票难求，他仍会日复一日地练习，不敢怠慢。这显然已经不只是地位或者受人尊重的需求。他不断地琢磨琴艺，只希望每一次表现都比上一次更好。就好比路边滑滑板的少年可以为了某一技巧不断地练习。要他做学校作业他可能在书桌前10分钟都坐不住，但一谈到练滑板的新技巧，他可以重复一个动作上百次也不觉得累。这便是自我实现的动力在激励他追求更好的，永远都没有止境。

成就导向型则和前者略有不同。有些人（虽然不太多）即属于此类，他们经常怀有达成任务的决心。有一个心理实验大致可以描述他们：一群受测者被安排到一个房间里，每个人都得到了玩套圈圈游戏用的圈圈，但实验者并没有告诉受测者这些圈圈用意何在。这个房间的地板上散置着几根游戏用的立杆。虽然没有标示，但这群人没过多久就开始玩起套圈圈的游戏。有些人站得远远的随便掷，有些人则走到立杆旁直接把圈圈套下，而另外一些人则站到离杆有点远又不会太远的距离，让游戏成为一种挑战，这些人不断地在寻找他们能力的极限。

实验者将以上的行为分成三类。第一类称为赌徒型。这种人愿意冒高风险，但他们对结果并没有控制力；第二类被总结为保守型，这种人不喜欢冒险；第三类则被称为成就型，这类人喜欢向他们的能力极限挑战。

在这个实验中，实验者并没有给受测者任何暗示或指示，因此，我们可以看出有些人就是喜欢向自我挑战，即使没有任何实质回馈。虽然在这样的自我挑战中，他们可能会套不准，但一旦他们找到窍门越套越准，他们便得到满足并觉得有成就感。而不管是精益求精型还是成就导向型，他们共有的特点便是随时挑战自我极限。

当个体丧失了自我挑战的动力时，管理者必须动脑筋去创造让这种动力源源不绝的环境。举例而言，在目标管理系统中，制定的目标不应该是一蹴而就的。我们所定的目标应高于一般人的能力，即使他们非常卖力，可能仍然只有 50% 的成功机会。虽然个体有 50% 的可能会尝到失败的滋味，但“靶定得远，箭就射得远”，实践证明，这种情形下的产出大于一蹴而就目标下的产出。当你所追求的目标超越极限时，这样的目标制定策略就更显重要。

除此之外，如果我们想要让员工都能提升自我实现需求的层次，必须先创造出一个讲求产出的环境。我的第一份工作是在一个研究发展实验室谋得的。实验室里的人对工作都有极高的热忱，但他们只是想知道更多的知识和技术，却不一定能运用这些知识技术去创造出任何实质的东西——果然这群人也并没有成就什么。

相反，英特尔有另外一套价值系统。一个计算机博士也许懂很多，但如果他不能应用他的所知创造出有形的产出，满腹经纶也是枉然；一个助理工程师如果能创造出有高附加价值的产出，他在公司里的地位也将水涨船高。一个企业组织中的价值系统本当如此。

金钱及工作的回馈

现在让我们来谈谈金钱在激励员工上扮演的角色。当需求层次较低时，金钱就十分重要，因为有了钱才能够买日常生活的必需品。但一旦这个人超越了以上的需求层次，金钱便不再成为动力。

以英特尔在中美洲的一个零件组装厂为例。那个地方的生活水平较低，而英特尔给的薪水则高出当地平均水平许多。因此这个厂在运营初期便碰到一个问题：很多员工一旦赚到的钱达到他们设定的目标就辞职不干了——这个目标数字在我们眼里小得微不足道，但对他们而言，那个层次的需求已得到满足，金钱已不足以成为诱饵。

再看另一个风险投资家，他赚到第一笔千万美元之后，仍然铆足了劲儿朝着第二笔千万美元迈进。到了这个层次，安全的需求或是归属感与认同感等都已不再能解释他行为的动机。这样的人通常并不会张扬他们的所得，他们拼命赚钱显然也不是为了提升社会地位或是赢得别人的尊重。当一个人的需求是在最高层次——自我实现上时，金钱就成为衡量成就的标准，而不再只是为了满足生理上的需求。在基本生理需求和安全感需求这两个层次，金钱的效力在需求被满足时就会停止；但如果金钱成为衡量成就的标准，它的效力将无边无界。

这也是为什么对风险投资家而言，第二笔千万美元和第一笔千万美元一样重要。因为他追求的已不再是金钱带来的实质效益，而是无形的成就感。追求成就的需求往往永无止境。

我们可以用一个简单的方法来测试一个人到底处于哪一个需求层次。如果一个人在乎的是薪水上涨的绝对值，他大概还处于基本需求或是安全感的层次。但如果他所在乎的是相对于别人他的调薪幅度是大是小，他工作的动力来源就是为了得到尊重或认同，或是为了自我实现。在这样的情况中，金钱明显只是衡量成就的尺度。

一旦一个人的动力来源是自我实现，他便需要某些标准来衡量进展如何。最重要的一种衡量尺度是对他工作绩效的回馈。而对一个致力于自我实现的人来说，事实上回馈来自他自己。

小提琴大师知道怎样才完美，因此不断练习琴艺朝巅峰迈进。但如果有一天他发现再怎么勤练也无济于事时，练习的动机便会消失。我认识一个从匈牙利移民到美国的奥运会跨栏冠军，有一次碰到他时，他告诉我其实他搬到美国后没多久便不再练习跨栏了。他说这里的跨栏水准不足以训练出激发他斗志的对手，而他每次练习时，总觉得技术在一点一点地衰退。

到了企业的工作环境里，我们能够提供哪些回馈或是绩效评估系统呢？适当的评估系统必须让员工的绩效和公司的目标紧密联系起来。当这样的系统真正运作时，它能够反映出员工的目标达标率，并提高他的效率。经理人必须设法让他的下属不被一些不必要的因素干扰（诸如办公室的新旧、大小及装修好坏），而真正着眼在要紧的事上。在此类与工作相关的回馈中，最重要的一种形式是上司对下属定期的绩效总结，我们将在之后的章节中详谈。

恐惧

当一个人的需求层次停留在养家糊口及获得安全感时，他的恐惧源于因失业而导致生活无以为继。但当一个人的需求层次是在获得自尊、地位或自我实现阶段时，恐惧仍有驱策的力量吗？答案是肯定的，但在此，恐惧已化为对失败的恐惧。至于这种动力到底是好是坏，则视情况而定。当一个人被交付一项任务时，害怕失败的心理可能促使他铆足劲儿全力以赴，但他也可能因此而不敢创新，变得畏首畏尾。

让我们回过头看套圈圈的例子。如果受测者每失败一次，就会遭受一次电击，很快他就能学会拿起圈圈，走到杆子旁边直接套下去，以避免因为没套中（失败）而遭受电击之苦。

一般而言，在较高的需求层次，恐惧通常源自内在而非外在的威胁。人们经常因为过不了自己那一关而导致行动上的退却。但如果老是如此，这个人很快就会从自我实现的层次往下降落。

竞赛

通过激励理论，我们深入了解了人的工作动力，而经理人也可由此了解如何驱动员工迈向绩效巅峰——发挥出他们个人的最佳水平。虽然我们真正追求的是组织整体的绩效，但这个整体绩效明显有赖于个体的工作技能以及是否卖命打拼。因此，经理人要做的第一步便是训练下属（在图 11–1 中，让员工由左向右水平移动）；第二步则是提升他们的需求层次，让自我实现成为他们工作的动力。因为只有如此，他们才会自动自发，工作动力也将源源不绝。

有没有什么系统性的方法可以引导个体提升至自我实现的层次？为了寻找答案，让我们先来问另外一个问题：为什么一个在工作上老是提不起劲的员工，在马拉松竞赛时却使尽了全力向目标挺进？是什么让他拼了命地奔跑？因为他在竞赛中有对手，而且有秒表在计时。这是一个简单的自我实现模式：人们尽全力朝梦想的目标迈进，这种动力使他们愿意挥汗如雨，努力跑得更快或更远。他们并不是为了金钱，只是向距离以及时间挑战，并且抱着不服输的决心。以下我要讲一个有关拳击手弗雷泽的小故事：

> 只要有人问弗雷泽他是为了什么打拳，他就觉得纳闷："我是个拳击手，这是我的职业，我只是尽力把工作做好而已。"可他也并不否认金钱的吸引力："谁会想拼了老命仍然三餐不保？"但对他而言，显然有其他事情的重要性远胜于金钱。弗雷泽说："我并不想成为拳击明星，这对我并没有什么意义。但我必须打拳，拳击是我生命的一部分。事情就是这么简单！"

试想，如果每一个经理人都有这种竞技场上不可或缺的个性，我们的产量就会提高好几倍！

为了做到这点，我们先要克服一些文化上的偏见。我们的社会对在运动场上竞技的选手有相当高的评价，但在工作上拼命表现、时常加班的人却被冠以"工作狂"之名。大多数人有这样的偏见：运动竞赛有益身心，工作则是一种无趣的必要之恶。

这种偏见很难改变，有句俗语说："如果你不能打败你的对手，那就加入敌阵吧！"既然工作的概念天生就不如竞技，我们干脆将运动场上的竞争精神融入工作。最好的方法便是先制定游戏规则，并让员工有衡量他们表现的指标。以下举一个简单的例子。

多年来，英特尔负责办公室及厂房清洁的部门一直表现不佳，即使用尽威胁、利诱的手段，这些部门似乎仍然无动于衷。直到我们举办了一场各厂及办公大楼之间的清洁竞赛，情况才忽然改观。几乎是在一夕之间，每栋大楼和厂房都改头换面了，而我们并没有提供奖金或其他奖励。

他们得到的只有一个竞技场。如果你是清洁工，让你所负责的厂房在清洁竞赛中拔得头筹绝对是一种强有力的激励来源。这便是经理人在引进这种竞技精神时必须注意的一点：必须站在下属的立场看下属的工作，帮他设定衡量指标，找好对手并指定跑道！

当然，如果我们换个角度看，一旦竞赛结束，激励的来源也就随之遁形。有一个报纸的专栏作家说，他最大的工作乐趣便是在笔仗中求胜。但他的这项乐趣不幸地随着两家报社的合并而告终。“我永远忘不了报社合并的那天，”这个专栏作家说，“我走出报社来到火车站，觉得自己像个失去了跑道的选手！”

运动精神应用在工作上的意义，其实也包含了教导我们如何面对失败。前面曾经提过，对失败的恐惧往往是一个充满工作动力的人的心理障碍。但我们也知道，在所有的运动竞赛中，失败的概率最小是 50%。每个参赛者都知道这个结果，却极少有人会在中途放弃。

经理人的角色在此便极为明显：他应当是个教练，身为教练，首先必须不居功，团队的成功来自队员对教练指导的信赖；其次，他的训练必须严格。通过当一个铁面教头，他努力激发出队员的潜能，并刺激团队做出最佳表现。一个教练应该曾经是个好选手，因此他了解竞赛的规则以及选手在练习及比赛时可能面临的问题。

将办公室变为竞技场能让下属有运动员的精神：求胜但不怕输，并随时向自己的极限挑战——这是一个团队能不断前进的主要动力。

第 12 章

工作成熟度

一个人的工作成熟度会随着工作环境的改变而改变。一旦下属的工作成熟度有波动，你对他的“最佳管理风格”也必须随之变动。

我必须再次强调，一个经理人最主要的职责，便是激发下属的最佳表现。假设我们已经了解是哪些事情在左右下属工作的动力，接下来的问题是：到底有没有所谓的最佳管理风格？有没有什么管理技巧能打遍天下无敌手？

已经有太多人想尽办法想找到最佳的管理风格。如果我们回头看看这段历史，我们会发现每个时代流行的管理风格，其实和当时的激励理论有极大的关系。

在 19 世纪末 20 世纪初，有关工作的概念极为简单——老板告诉员工做些什么，如果他们照着做就有钱拿，不照办就会被炒鱿鱼。因此，当时的管理风格非常简明且层级清楚：有一群人专门发号施令，而另外一群人只管多做事少开口。

20世纪50年代，管理理论趋于人性化，管理学者认为应该有比较“仁厚”的方法让员工努力工作，因此管理风格也随之改变。时至今日，大学里研究行为科学的科系有如雨后春笋，有关的激励和管理理论也不再是纸上谈兵，大部分理论都需经过严密控制的实验证明。但令人惊讶的是，即使较早建立起的管理理论多半靠直觉，后来的实证科学也并没有办法将它们推翻，或是证实某种管理风格确实较其他的更胜一筹。研究学者似乎必须给出没有所谓最佳管理风格的定论。

我个人的观察更倾向于肯定这项定论。在英特尔，中层经理人的工作经常轮调，以增加对他们的锻炼。虽然轮调部门的背景及工作内容通常极为类似，但最后的产出经常有较大的差异。有些经理人及部门的产能总是较高，另一些则不然。但轮调经理人后的结果却常令我们惊讶。

轮调的结果显示，不论是经理人还是各部门，都无法一直维持高产出或低产出，而总是会有高潮和低谷。显而易见，高产出是某些经理人及某些部门的特定组合带来的结果。事实上，这也证明没有任何一种管理风格能够放之四海而皆准。

环境不同，表现不同

有些行为科学学者认为，有一种变量能告诉我们在不同状况下的最佳管理风格。这个变量被称为“工作成熟度”（task-relevant maturity, TRM），这个指标涵盖了下属是否为成就导向、是否能承担责任、他们的教育背景、受过什么训练以及以往的工作经验等。除此之外，以上所提到的每一点都应以他们手边的工作结果来评判。

一个人或一个部门可能在某件事上有很高的工作成熟度，但在另一件事上则犹如初出茅庐。

举个例子。我们曾将一个超级业务经理调到工厂管理整个厂务。这两项工作的职责范围相差不大，但在岗位调动之后，这个经理人的绩效显著降低，而且开始出现无力负荷的迹象。

虽然他个人的成熟度并没有改变，但他在这项新任务上的工作成熟度却非常低——由于环境、工作内容及任务的改变。他得很快学会处理这些状况，他的工作成熟度才会逐渐增加。

于是不用多久，这位经理的绩效又能重新达到以前的标准——这是当初我们提升他的原因。这个过程有些令人始料未及，但显然，我们将这位经理个人的能力与他的工作成熟度混为一谈了。

同理，一个人在某种程度的复杂性及不确定性下，可能有很高的工作成熟度，但一旦这个工作的复杂性增加，或是工作内容突然改变，他的工作成熟度就会下降。这有点儿像一个人在乡间小路开了好几年车，现在突然要他开上拥挤的高速公路一样。虽然开的还是同一辆车，但他对驾车任务的成熟度却近乎跌至谷底。

随成熟度改变管理风格

因此，我们的结论是，随着工作成熟度的改变，管理风格也必须随之改变。

明确地说，当工作成熟度低时，最有效的管理方法是提供明确且详细的指示，在这种情形下，上司要告诉下属该做什么、何时完成、如何着手。换句话说，这时要采用非常有组织的领导作风。

随着下属的工作成熟度渐增，最有效的领导方式也由组织化转为沟通、情绪上的支持与鼓励；相较于下属手上的工作，经理人应花更多的心思在这个下属身上。

随着工作成熟度越来越高，管理风格也会一再改变。在更成熟的阶段，经理人对下属的干涉也应该进一步降低，主要管理目标应聚焦在确定下属的努力方向是否合乎部门的需求上。

然而，不管工作成熟度落在哪一个阶段，经理人都应当随时且适度地监督下属的工作，以避免任何突发状况。

如我们之前所提到的，上司持续督导下属的工作才叫授权，反之则是渎职。有关不同程度的工作成熟度及其对应的领导风格请见表 12–1。

表 12–1　下属的工作成熟度及对应的有效领导风格

下属的工作成熟度	有效的领导风格
低	组织化，任务导向，告诉员工该做什么、何时完成以及如何着手
中	注重个体，强调双向沟通，给予情绪上的支持及鼓励，上司与下属之间相互了解
高	经理人的参与程度降低，彼此建立起工作目标及监督系统

下属的工作成熟度是决定有效管理风格的基本变量。在此我必须特别提醒：不要草率地做出价值判断，以为组织化的管理风格不如强调双向沟通的管理。你在思考管理风格以及真正执行时，不要让“唱白脸”或“唱红脸”成为影响决策的因素。千万记得：我们真正在意的是效率。

生命成熟度

这套理论事实上和与孩子关系的发展极为相仿。随着孩子的长大，父母的管教风格也会因孩子的“生命成熟度”或孩子的年龄而改变。

当孩子还满地爬或刚学走路时，父母必须告诉他什么碰得，什么碰不得。这个阶段的孩子可能不懂他想玩的古董花瓶价值连城，但他知道什么叫“不行”。当他渐渐长大，开始凭他的直觉做事时，父母会鼓励他独立行事，但有时还是要插手保护他，不让他受到伤害。

举例来说，父母可能会建议小孩把三轮车换成两轮的自行车，但他们通常不会直接交给孩子一辆自行车让他去跌去撞。他们会陪着孩子在巷子里或操场上练习，并且再三叮咛要注意交通安全。随着孩子越来越成熟，父母会逐渐减少耳提面命的次数。

接着，在孩子能够骑自行车上街时，父母会变得不再啰唆。最后，当孩子的生命成熟度足够高的时候，他可能会离开家乡到外地求学。此时，父母与孩子之间的关系再次改变，父母只是在一旁注视孩子的生活。而一旦孩子所处的环境发生巨变，他的生命成熟度又不足以应对时（例如他在学校有几门考试不及格），父母的管教风格可能就要回到之前的阶段。

虽然双亲（或是经理人）的管理风格在从组织化向双向沟通及旁观注视转变，但掌控孩子（或下属）行为的组织化程度其实并没有改变。

十几岁的孩子知道骑自行车上高速公路很危险，父母便不再需要为此事唠唠叨叨。因此，父母的管教风格从行为上的控制变为思想上的指引。

建立共同的价值观

如果父母（或经理人）在早期便灌输给孩子（或下属）正确的行事准则，之后这个孩子做的决策通常也比较能符合父母的期望。事实上，如果希望管理风格能够从组织化向旁观监督转变，那么先建立起共同的行事准则及决定优先级等，绝对能让企业一体运作的价值观达到期望。

没有这种共同的价值观，一个组织很容易陷入混乱并失去目标。因此，传播此共同价值观的责任，又结结实实地落在经理人的身上。他终究要为下属的产出负责。

同时，如果无法建立起共同的价值观，经理人也不可能有效授权。我曾经有个同事，他非常喜欢任用新人来处理他原有的部分工作，而他自己则可以处理一些新的任务。但通常这些新下属都没办法把事情处理好。我的同事对这种情况的反应是："他必须在错误中学习！"但问题是新人的学费是客户在负担。这样的做法可以说是大错特错！经理人必须负责教导其下属，而非由其他人（不管是内部还是外部的客户）来做这件事。

管理风格与管理杠杆

基于现实理由，身为经理人，我们必须赶快提高下属的工作成熟度。如果能对一个具有高工作成熟度的员工施以适当的管理，将会比采用高度组织化的管理风格省很多时间。另外，一旦员工了解了组织的运营价值观，又具有较高的工作成熟度时，主管便可以开始分权，进而提高自身的管理杠杆率。

最后，当员工的工作成熟度达到顶点的时候，经理人基本上就完成了培训，这时他工作的动力将主要来自内在的自我实现动力——这是一个经理人尽全力追求的目标。

我们在之前已经提到，一个人的工作成熟度会随着工作环境改变。当下属的工作成熟度有波动时，你对他最有效的管理风格也必须随之变动。

让我们以战地驻扎的部队为例，刚开始驻扎时可能并没有什么战事，指挥官因此有机会了解他的每一个士兵，并且和他们维持着不太正式的关系。只要他们每天按时操练，这个指挥官就可以在办公室休息。因为整个部队已经有了很高的工作成熟度，上级的督导工作因而大大减少。

但若有一天敌军突然出现，面对枪林弹雨，这个指挥官的管理风格马上发生了 180 度大转变，变为极具组织化且以任务为导向，他狂吼着向每一个士兵下达命令，告诉他们该做什么，时间和方法也都列得清清楚楚，还要求他们重复一遍。如果过了一阵子，敌军还在继续进攻，而部队又没有转移阵地，士兵们在战斗这件事上的新工作成熟度将再度提高，长官就不用再大吼大叫了。

换个角度来看，经理人是否能以双向沟通及双向了解的管理方式来管理下属，主要取决于时间因素。虽然我们都知道理论上督导旁观的方法最具生产力，但在现实中，我们要费好大劲才能到达那个阶段。而且即使员工的工作成熟度提高到可以让上级在一旁督导的水平，一旦环境改变，这个经理人很可能又得不厌其烦地耳提面命。

大部分人都会认为精明的经理人不应该用这种耳提面命的管理方式，因而经常发生这样的情况——想出来管管的时候，局面已经不可收拾。身为经理人，你应该努力消除这种偏见。管理风格并没有优劣之分，重要的是应基于员工的工作成熟度来决定采用哪一种管理风格以提高效率。这也是研究人员找不到一种最佳的管理方法的原因，因为随着工作环境的不同，它可能每日甚至每时每刻都在改变。

好经理难当

判定下属的工作成熟度并不是件简单的事。即使这个经理人知道下属的工作成熟度，他的管理风格也经常取决于他个人的偏好，而非逻辑上的思考。比如，当一个经理人觉得下属的工作成熟度是中度时，他在现实中的管理风格可能就会趋向于组织化或是旁观督导。换句话说，在这种情况下，经理人通常不是管得太多就是管得太少，很难恰到好处。

经理人对自己的认知则是另一个问题。通常我们都把自己看成很会沟通或很能授权的人，但下属常常不这么认为。我曾经找了一群经理人及他们的上司对这个论点做验证。我分别问这群经理人他们上司的管理风格，然后再问这些上司自己的管理风格是什么。结果大约有 90% 的上司认为自己比下属认为的更擅长沟通及授权。

为什么会有这么大的差异？部分原因在于经理人多半自以为很能放手让下属去做，另一个原因则是上司给下属“建议”时，下属常将其当成“命令”，因此在理解上产生了误差。

曾有一个经理人告诉我，他和他的上司之间肯定是双向沟通，因为他们经常一起喝酒。错了！社交活动和管理上的沟通有很大的差别。管理上的沟通是对下属工作的关心与参与。工作以外的称兄道弟也许有助于此，但两者不应混为一谈。

我就曾经认识这样一个人，他和他的上司每年都会一起到一个偏远的地方钓一个星期的鱼。但是在钓鱼时他们从来不讨论工作上的事情——他们彼此都觉得工作不在聊天的范围内。而且很奇怪的是，他们的友谊并没有因此加深，他们的工作关系也依旧十分疏远。

这让我不禁要再谈一个老生常谈的问题：到底上司和下属之间的友谊对工作关系有没有助益？有一群经理人斩钉截铁地告诉我，他们从未打算和下属发展出工作以外的关系。

事实上，上司和下属之间的友谊对工作关系有利有弊。如果下属是你的好友，你们很容易进展到有效的双向沟通的阶段，但如果现实要求你们回到“一个口令，一个动作”的组织化阶段，可能就会产生问题。命令朋友做这做那并不是件让人愉快的事。我已经看过好些类似的例子：有的是两人的友谊就此彻底告吹；也有的由于私交甚笃，所以下属觉得上司其实是为他着想，所以愿意听命行事。

每个人都要好好想想，到底什么是专业风范，自己是否做得到？最好的测试方法是假设你必须对你朋友的绩效做很严苛的评估，这时如果你觉得胃不舒服甚至想吐，就说明你最好不要在办公室里交朋友。

但如果你依旧呼吸顺畅，没有任何胸口发闷的症状，那么你在办公室建立的友谊较有可能增进你和下属的工作关系。

第 13 章

再难也得做：绩效评估

绩效评估是个威力无穷的手段，这也是大家对它的感觉及意见都很强烈，而观点又各有不同的原因。

为什么在大多数的组织中，绩效评估都是管理系统的一部分？为什么我们要评估下属的绩效？我问了众多经理人这两个问题，并得到以下答案：

- 为了衡量下属的工作
- 为了提高绩效
- 为了激励员工
- 为了给下属提供回馈

- 为了决定加薪幅度
- 为了对高绩效提供奖励
- 为了建立纪律
- 为了提供工作方向
- 为了强化企业的文化价值

接下来，我让同一群人想象他们是正在对下属做绩效评估的上司，然后问他们感觉如何。部分结果如下：

- 自豪
- 生气
- 焦虑
- 不舒服
- 罪恶感
- 同情与关心
- 不好意思
- 挫折感

最后，我请他们回想自己收到绩效评估时的情形，并且列出他们觉得不对的地方。他们很快就给了我一大堆的答案：

- 评估中所提供的意见不明确
- 信息模糊，评级或调薪不一致

- 没有指示应该如何改进
- 避免负面的评价
- 上司并不了解我的工作内容
- 只看到最近的表现
- 太多意想不到的事情

看了以上这些，你应该能了解：绩效评估是一件非常复杂且困难的事，而身为经理人的我们经常没把这件事办好。

经理人给下属的工作反馈便是绩效评估。这是我们评估下属的表现并让他们知道自己绩效的方法，同时我们也需以此来决定对下属的奖励，不管是职务上的升迁、加薪、配股还是其他方式。绩效评估的结果将会对下属产生一定的影响且会持续一阵子——可能正面也可能负面，因此绩效评估便成为经理人最具高管理杠杆率的活动。简而言之，绩效评估是个威力无穷的手段，这也是大多数人对它的感觉及意见都很强烈，而观点又各有不同的原因。

然而，绩效评估最基本的目的到底是什么？虽然之前所列的答案都正确，但其中有一个答案的重要性远胜于其他：为了提高下属的绩效。这项评估通常有两个目的：第一，检视下属的技能水准，看看下属缺乏哪些技能并设法增强；第二，加强激励力度，好让已具备适当技能的人创造出更高的绩效。

绩效评估的过程同时也是一种最重要的组织领导形式。唯有在这个时候，经理人被迫同时扮演法官和陪审团的角色：雇用我们的公司要我们评判下属的表现，并且面对面地让下属知道结果。

经理人的责任感此时无疑非常重要。要有什么样的准备才能把这件事处理好？我唯一能想到的，便是设身处地地站在下属的角度来看此事。

但大体上来说，我们的社会价值总是寻求避免冲突，甚至连“争议”这个词都会让很多人皱眉头——我刚从匈牙利到美国时便察觉到了这一点。在匈牙利，“争议”这个词经常用在大家意见不同的情况下。但当我开始学英文而用到这个词的时候，常常会有人纠正我：“你不是那个意思吧？你真正想说的应该是‘辩论’或是‘讨论’。”

在朋友或同事间，你应该避免讨论政治、宗教或其他容易引起分歧和造成冲突的话题。众所周知，足球、园艺或者天气这些无关痛痒的事情，都是闲聊的好话题。我们受的教育告诉我们，如果要做个有教养的人，就得避免任何情绪上的冲突。以上所述我都是为了阐明，以我们的文化背景和专业素养，要做好绩效评估实非易事。

千万别以为只有大型企业或组织才需要做绩效评估。任何机构都应该将绩效评估列为管理实务的重要一环，不管是一个只有两个助理的乡村保险公司办事处，还是教育机构、政府机构以及非营利性组织，只要你在乎运营绩效，绩效评估便势在必行。

绩效评估大致可以分成两部分：评估下属的绩效，以及将评估的结果告诉下属。两件事做来都不容易，接下来就让我们分别深入探讨。

◆ 评估下属的绩效

要以绝对客观的方法评估一个专业人员的绩效实在非常困难，因为我们找不到一个好的方法来衡量一个专业人员的工作。绩效评估涵盖的时间范围通常无法完全反映这个职位所从事的活动。

但在评估一个人的绩效时，我们必须考虑他从事的所有活动。如此一来我们便很难做到完全客观，因为唯有以产出来评估才能排除主观因素。所有管理专业人员的人都像是在走钢丝：他们必须做到客观公正，但同时又必须无畏于运用其自身的判断力，虽然在定义上这其实已经是主观行为。

要想让评估过程稍微简单一点，主管应该事先搞清楚他对下属的期望，然后再以此来判断下属的绩效是否合乎期望。绩效评估最大的问题在于经理人并没有列明对下属的期望，就像我们早先提过的："如果我们不知道到底要什么，最可能的结果是什么也得不到。"

◆ 产出评估与流程评估

且让我们回想一下之前提到的“黑箱理论”。运用此理论，我们可以通过“产出评估”与“流程评估”来评估绩效。前者指的是黑箱的产出，包含完成了多少设计、实现了多少销售额，或者提高了多少产量等。这些都是我们能以图表表示，且也应以图表表示的产出。

“流程评估”则包括黑箱中所有的活动。有些活动的产出可能在年度之内完成，但有些活动则可能是为未来铺路。我们是否为了达成目前的生产目标而压榨员工，造成他们日后的抱怨？我们是否适当地定位及发展了员工，以让公司可以应对未来？我们是否已经处理好能让部门顺利运转的琐事？

没有任何一个法则能决定产出评估或流程评估之间孰重孰轻。随着情况的不同，这两者之间的比率可能是 50 ： 50、90 ： 10 或是 10 ： 90。而这个月的比率可能又和下个月不同，但至少我们应该了解我们是在哪两个变量之间权衡。

◆ 长期及短期的绩效

另一个我们必须考虑权衡的则是长期绩效及短期绩效。一名工程师可能必须拼命赶一个产品设计的方案来帮公司赚钱，但他可能同时也要想办法改进设计的方法，好让以后的设计师在接到此类项目时能更有效率。显然，在评估这名工程师的绩效时，你必须同时考虑这两件事。至于何者比较重要，我们可以运用财务管理上的“现值”观念：这项长期的活动到底最后能帮我们赚多少钱？

◆ 时间的因素

我们还得考虑时间因素。下属在评估期间的产出可能和此期间从事的活动有紧密关系，但也可能只有一点儿关系或完全无关。因此，主管在评估时必须把产出和活动时间之间的关系弄清楚。我自己曾经有过教训，所以在此我要详细解释一下。

在向我报告的诸多经理中，有一位经理的部门表现十分杰出，所有用来评估产出的项目都非常令人满意：销售额激增、净利润提高、生产的产品运作合乎客户要求——你几乎必须给这个经理最高的评价。但我仍有些疑虑：他的部门人员流动率高出以往许多，而且我不时能听到他的下属抱怨。虽然还有其他诸如此类的问题，但当那些表格上的数字闪闪发光的时候，我实在很难再在那些不太重要的问题上打转。因此，这位经理当年拿到了极佳的评价。

但第二年他的部门业绩就急转直下。销售增长停滞、净利润率降低、产品研发进度落后，而且部门内更加动荡不安。在评估他这一年的绩效时，我努力想弄清楚他的部门到底出了什么问题。这个经理的绩效真的这么糟吗？是不是有什么问题我尚未察觉？最后我得出结论：事实上这个经理的绩效要比前一年好，即使所有的产出衡量结果看来都糟得不得了。这是怎么一回事？原来，主要的问题是出在他前一年的绩效并不是那么好。因为他的部门产出指标反映的并不是当年的工作业绩，这之间的时间差异差不多正好是一年。虽然很难堪，但我还是要硬着头皮承认我前一年给他的评价完全不对。如果当初我相信流程评估反映的事实，我应该会给他较低的评价，而不会被那些产出数字愚弄。

时间造成的影响也有可能是另一种状况。在我刚加入英特尔时，上司要我评估一个下属的绩效，这个下属刚负责成立了一个新厂。这个厂什么东西都还没开始生产，但绩效评估也没办法等到有了产出之后才做，而我之前又完全没有评估这种没有产出指标的经验。最后，虽然这个厂的产出如何仍是个未知数，但我还是给了这个人不错的评价。身为经理人，诸如此类没有资料但必须做出判断的情况其实很常见。

◆ 个人、部门两者兼顾

在评估一个经理人时，你是只评估他个人的绩效，还是将他所管理的下属的绩效也包含在内？答案是两者兼顾。

因为你最终追求的是整个部门或团体的产出，而经理的责任则在于设法增加附加价值。你必须弄明白他到底附加了哪些价值：他对所管理的下属做了哪些事？是不是任用了称职的新人？他把新人或其他下属训练得如何？有没有做其他有助于提高未来产出的事？在评估一个专业经理人的绩效时，通常这个过程最为困难。

◆ 避免落入潜力陷阱

除此之外，你还必须避免落入潜力陷阱。你必须不断提醒自己，要评估的是绩效而非下属的潜力。我指的潜力是那些只有形式而没有实质的事情。曾经有一回我被要求审核一个事业部总经理的绩效，他的上司给了他极佳的评价，但他的业务却亏损连连，好几个月的收入都没有达到预期目标，负责的工程进度严重落后，总体上，不管是产出评估还是流程评估成绩都不佳。因此我无法核准这项评估。

他的上司知道结果后跑来和我争辩："这个下属是个非常杰出的经理人。他见多识广而且堪为下属表率。业绩不好纯粹是他的下属没好好干，不是他的问题！"他这些话对我而言如隔靴搔痒，因为对一个经理人的评估要依据他的部门表现，绝不能做出高于部门表现的评价。我们要评估的是真正的表现而非表面现象，是实质的产出而非形式。如果我核准了这位上司的评估结果，无疑是在向英特尔全体员工暗示，要拿到好的评价，你只要琢磨你的演技，"表演"得像个精明的经理人就行，而不用卖力地工作。

◆ 晋升

晋升的决策通常也和绩效评估有关，而且也本当如此。没有其他事比提拔某个人更能体现这个人对组织的价值。通过提拔下属，我们为组织中的其他人树立了学习的楷模。虽然大家常说："在你将超级业务员提拔为经理的同时，你也失去了你的超级业务员，并创造了一个差劲的经理。"但如果你仔细想想，似乎只有这条路可走——你总不会去提拔一个差劲的业务员吧？让最好的下属升职的同时也是在向其他下属传达绩效的重要性。

以上评估下属绩效的过程已经够难的了，但我还得设法提高他们的绩效。无论下属做得多好，我们总还是能提出一些改进建议的，不要觉得难以启齿。虽然是"后见之明"，我们也该将下属曾做的事和事后总结出的"改进之道"做比较，再将其中的差异作为未来改进的参考。

告知评估的结果

在进行这个步骤时你必须将三个原则谨记在心：坦诚、倾听以及忘我。

你必须坦诚地对待下属。这个评估系统是否可信赖全在于你是否能对下属开诚布公。而且你也许会发现：当面表扬一位员工其实并不比脸不红气不喘地批评一位员工简单。

“倾听”则有其特殊的意义。沟通其实就是将甲脑子里的东西传输到乙的脑子里。因此，甲的思维必须先转化为语言，然后在讲话时通过声波送到乙的耳朵里。通过耳朵里神经的电波，信息得以在乙的脑子里储存起来。

在告诉下属他的绩效评估结果时，我们绝对不是将书面报告照本宣科地口头再说一次。文字、语言只是沟通的媒介，我们真正的目的是要传达我们的思想，让对方彻底明白我们的意思。也许信息本身非常容易了解，但乙可能因为太过情绪化而弄错了意思。也许谈话过程中乙一心只在构思答案，因而无法听清楚甲的每一句话；或者他自我防卫的意识非常强，根本不想了解甲在说些什么……这些情况都很可能发生，而且在工作中也屡见不鲜——尤其是在甲的信息与乙的想法冲突的时候。

因此，要怎样才能确保你不是在对牛弹琴？有没有什么秘诀可以传授？让下属重述我们所说的话是不是就可以了呢？我不这么认为。你必须动用所有的感官，要确保他能听进你说的每一句话，你必须时刻将视线放在他身上。

记住，你所要谈的事情越复杂，沟通的效果通常也越差。仔细注意你的下属对你的谈话是否有适当的响应，他是不是已经开放自己接受你的信息，如果他的响应——不管是语气还是肢体表达——无法表明他已经了解了你的意思，那么你有责任和他一起解决问题，直到你的信息成功输送到他的脑子里为止。

动用你所有的感官以确保下属真正了解你的意思，便是我所指的“倾听”。如果你做不到这一点，所有你在绩效评估中投入的精力和诚信都是枉然。专注地倾听是你最有力的武器。

每一个好老师都有一个相同的特点：知道学生到底懂不懂他在讲什么。如果学生不懂，他会再进一步解释，或者换个角度举例子。

我们都曾经见过只对着黑板自言自语的教授，而且他们经常能很有技巧地躲避学生的目光。原因是他们知道自己授课的方式很难被理解，所以他们想尽办法躲开学生疑惑的目光。你在告诉下属评估结果的时候，千万不要学这种不尽职的教授。你要全神贯注地倾听，直到下属了解你的意思为止。

第三个原则是忘我。你必须了解绩效评估对你的下属有多重要，因此你必须抛开你的不安全感、焦虑以及罪恶感。你要处理的是下属的问题而不是你自己的，这是下属上法庭接受审判的时候。就像演员上台之前会怯场，做绩效评估的人在评估及传达评估结果前，通常也会有类似的焦虑。你必须学着控制自己的情绪，以免影响这项神圣的任务。即使你身经百战，这种情绪上的不安也在所难免。

◆ 正反两面俱陈

大部分评估都属于此类，报告内容通常包含正反两面，不够深入、陈词滥调、记流水账以及东拉西扯，则是这类评估中常见的问题。以上种种都会让你的下属搞不清楚状况，因而也达不到绩效评估最基本的目的——提高下属未来的绩效。我这里倒有几招可以帮助你处理这种形式的绩效评估。

你必须了解，下属就像大部分人一样，一次只能接受有限的事实、问题和建议。如果你在他的绩效评估中一次列出了七点事实，而他一次只能接受其中的四点，你在谈其他三点时就可能是多费唇舌。更糟的是，如果让他“超载”了，他到最后可能一件事都记不得。

每个人在一定时间内只能处理一定数量的信息，特别是在面对自己的绩效评估结果时。绩效评估的目的是提高下属的绩效，而非像清除垃圾一样把所有观察到的事实都扫出来。因此，在这里“多”并不代表“好”。

如何把焦点放在主要的项目上？首先你必须尽可能地从各种角度评估下属的绩效。你应该大致看过他的进度达标率、每季的目标达标率以及你和他开一对一会议的笔记。做完以上事情之后，找一张白纸，记下所有你觉得与评估他的绩效相关的事情。

先别急着在你的脑子里考虑哪些项目比较重要，你现在写下的并不代表最后的定论。先尽量写！此时也先别排列事情的优先级。当你写到再也写不出来的时候，你便可以把那些辅助的文件搁到一边去了。

接下来你要做的是从这些项目中找出它们的关系。你也许会发现有些项目只是同一个问题不同方面的体现；你也许能归纳出下属为何一直不能摆脱弱势，或如何一直保持优势。当你找出这些关系之后，它们便是你要传达给下属的“信息”。

此时，你的这张草稿看来可能就像表 13–1。你可以由此得出结论，并找出他曾经做的事来支持。一旦你列明了所有要传达的信息，你就要问你的下属是不是能全部记住。如果答案是不能，你就得删掉较不重要的项目。记住一点：就算你在这次评估中遗漏了一些项目，在下一次还是能弥补。

表 13–1　每次评估都要有优先顺序，分清哪些是下属必须了解的

优　点
• 在流程规划上大有进步 • 向原料委员会提出的报告很有信息价值 • 有效地协助采购部门进行了成本分析
缺　点
• 对产品规格的制定还见不到任何进展 • 在团体会议中的辩论完全失焦 • 产品规格制定的培训课程一开始就没做好 • 对计算机不是很在行 • 没有好好采纳同事的意见（例如制造部门）
信　息
1. 规划系统成效好（有很好的分析能力和财务背景） 2. 目标设定不够明确 3. 计算机操作能力需改进（这次先不管，我们先把焦点放在第二点上）

另外要谈的是“出乎意料”。如果我在这一整年中尽到了一个主管的责任，定期举办了一对一会议，并适时向下属提供了必要的协助，那么在绩效评估时就应该没有什么事是我始料未及的——如果你这样想那就错了！

当你用那张白纸记下所有的项目时，其中呈现的信息有时候会把你自己都吓到。所以你到底该怎么做呢？你会面临到底要不要传达这项信息的难题。但如果你明白绩效评估的目的在于改进下属的表现，你应该毫不迟疑地告诉他。绩效评估中当然最好没什么事出人意料，但如果真有，你还是应该告诉你的下属。在表 13–2 中，你将会看到我所谓的“正反两面俱陈”式的绩效评估报告。基本上它是由表 13–1 发展而来的。我在表中做了一些注解，希望能帮助你了解本章的论点。

表 13–2　专业人员绩效评估报告

	姓名：约翰 · 多伊 **职称：**原料支持部主任 **评估期间：**× × 年 2 月~× × 年 8 月 **工作内容说明：** 负责管理生产规划流程与制造标准制定过程——包括维修及开发。 **评估期间完成事项：**
产出评估：良好 ——→	在这半年中，生产规划流程有了显著的改变。各部门之间协调得不错，而管理活动也都能有效率地进行。

（续表）

优点及需要改进的地方：

约翰在 2 月份被调到原料支持部。当时生产制造流程碰到了一些难题，而约翰很快便进入状态，与前一任主管顺利进行了交接。

但在制造标准制定方面，约翰的表现就没那么好了。他虽然很努力但成效不佳。我想这有两个原因：

流程评估：缺少活动和产出之间的关联性 →

1. 约翰不能清楚地制定明确的目标。一个比较有代表性的例子是他无法制定主要的产出目标；另外一个例子则是他在 3 月间对制造标准系统评估时做出的模糊结论，到现在我们还是不知道这个系统到底是怎么回事。一个人如果没有明确的目标，就会很容易陷入“徒劳无功”的陷阱——这与接下来的第二点有很大关联。

陈述必须有实例证明 →

2. 我觉得约翰很容易以为开了会就是有进度。他应该在开会前多下点功夫，明确会议的目标。

赞美也得有实例支持！ →

约翰之前的财务背景在很多地方派上了用场。最近的例子是他帮助采购部门解决了一些财务上的问题——虽然并不是他分内的事。

告诉员工他该如何提高绩效 →

约翰很希望能继续晋升。这一次我并没有提升他的打算，但我相信他的能力终究会让他升到他想要的位置。然而，在晋升之前，他必须证明他能处理复杂的项目，如之前的制造标准系统，而且重要的是必须要有结果。他必须能清楚明确地分析问题，制定目标，然后找出达成目标的方法。而这些事情大部分都要靠他自己。虽然我会从旁协助，但主角还是他。当他证明自己能独立作业时，升职也就水到渠成。

总而言之，约翰对目前的工作还算胜任。我当然也明白他刚从财务部门调到制造部门，自然会碰到一些难处。我会继续帮助他，特别是在目标制定以及寻找解决方法上。约翰在原料支持上的评价是“及格”——他还有很大的空间可以改进。

（续表）

评价： ☐ 不及格
☐ 及格
☐ 表现良好
☐ 表现优异

直接主管（签名）：____日期：2005/8/10
总经理（签名）：______日期：2005/8/10
矩阵主管（签名）：____日期：2005/8/10
人事部门（签名）：____日期：2005/8/10
员工（签名）：________日期：2005/8/10

除直属上司外，还得向上再呈报一级。另外也得呈报人事部门，让他们处理薪酬问题。

注意：这是个双重报告的例子，原料经理委员会的主席也参与了此项评估。

员工签了名只表示他看了这份报告，并不一定表示他完全同意。

冲突性评估

只要稍微用心想想，你就会发现手上最棘手的绩效问题来自某个冥顽不灵的下属——除非他能有什么彻底的转变，否则你应该请他卷铺盖走人。要处理这样的问题，你和你的下属很可能必须经历解决此问题所必须经历的阶段，特别是解决冲突所必须经历的阶段（见图 13–1）。你会发现这样的冲突在做冲突性评估时一定会发生，虽然有时延至评估之后。而这种冲突性的评估，事实上只是“以冲突的形式来解决绩效问题”。

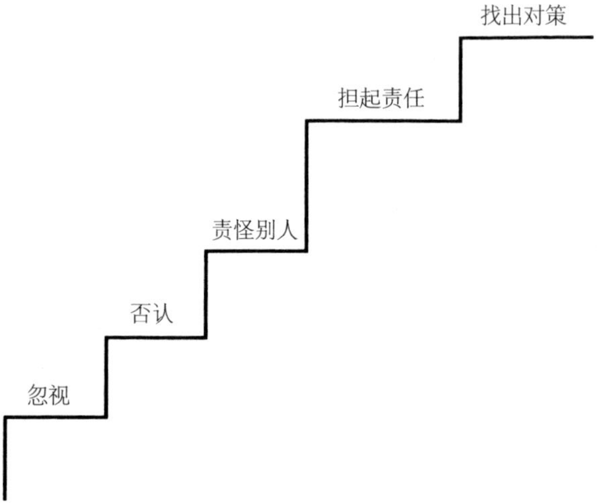

图 13–1 “解决问题”的各个阶段都涉及非常多的情绪转变

表现不佳的员工常常会忽视自己的问题。因此，身为上司的你必须找到证据来证明你不是信口开河。当你的下属努力否认而非像之前完全忽略存在的问题时，就可以说明事情有了一点进展。

当然，你的证据必须让他俯首认错。接下来便是第三阶段，虽然他承认存在问题，但他会一再辩称那并不是他造成的，并转而怪罪别人。这是非常典型的自我防御机制。运用这套防御机制，他可以继续逃避改进现状的责任。以上这三个步骤通常一个接着一个发生。

如果问题真的出在他身上，而他拒不承认并且诬赖他人，那么问题将永远无法解决。因此他必须迈出最重要的一步——担负责任。他必须承认有问题，而且是他的问题。这一步对他而言无疑是一大步，因为接踵而至的将是一大堆的工作。他可能会想：“如果问题出在我身上，那么我必须处理；如果我必须处理，整个过程可能繁杂又不愉快。”但一旦他成了一个有责任感的人，如何找到解决方案就会相对容易些。因为从怪罪别人到自己承担责任，他要克服心理障碍；而由承担责任到寻找解决方案，则是能力可以解决的问题。后者显然简单许多。

让下属从忽视问题的存在转变为勇于承担责任是经理人的职责，但双方应该一起寻求解决问题的方法。主管应该随时了解这件事情的进展。如果下属还在否认或是怪罪他人，而上司已经急着要找方法解决问题，结果什么问题都解决不了。了解事情发展到什么状态，你才能确保你们在必要的阶段可以携手并进。

冲突评估最后的结果可能有三种：第一，下属接受你的评估以及你建议的解决方案，并且答应努力改进；第二，他可能完全不同意你的评估，但还是愿意接受你的改进建议；第三，他既不同意你的评估也不愿意改进。身为主管，你认为哪一种是可以接受的？

我个人十分强烈地认为：只要下属愿意采取行动改进就可以接受。人们在复杂的事情上很难有相同的意见。如果你的下属答应改进，你就该相信他的诚心。这里的关键词是

“可以接受”——虽然你不是很满意。你当然希望看到下属心悦诚服地同意你的看法，但如果他不是完全同意，只要他愿意采取改进行动，你就不该再在这上面伤脑筋。不要混淆了情绪问题和工作的需要。

为了完成任务，你最需要的是下属愿意执行你决定的行动方案，至于他是否与你抱持同样的想法则在其次。期望别人凡事都和你想的一样其实并不是件好事，在工作上我们主要追求的是绩效，而不是心里舒不舒服。

我在第一次评估下属的绩效时体会到了这两者之间的差别。我非常努力地说服他同意我的看法，而他无论如何都“抵死不从”。最后，他告诉我：“老板，你就别再浪费口舌了。我绝不会同意你的看法，你何必费这个劲呢？反正我已经答应你我会照你的话做。”

我很不好意思地闭了嘴，虽然当时我并不明白为什么不好意思。过了好久我才明白，之所以觉得不好意思，是因为我追求的只是自己心里舒坦，这和工作其实并没有太大的关联。

如果你的下属就是无法超越“怪罪他人”的阶段，这时你就必须使用你身为上司的权威告诉他：“我是你的领导，我就是要你这么做！我知道你并不同意我的看法。也许你对也许我对。我也不想只是用权力压你，但为了整个公司，我要你照着我的指示去做。”但之后，你还是得尽力得到他对行动的承诺，并且随时观察他的绩效。

有一次我的下属做了一份在我看来极为肤浅、缺乏深度的绩效评估报告。经过一番讨论之后，他同意了我的看法，但他认为这没什么大不了，实在没有必要再花时间重做。经过几次深入交谈之后，我们还是解不开死结。

最后，我深吸了一口气告诉他："老弟，我知道你认为这不值得多花时间，但我就是要你重做！"我又加了一些批注："我想在我们之间有一个非常基本的差异——整个绩效评估系统是否完整运作，对我的重要性显然远胜于你。这就是我必须坚持的原因。"他瞪了我一眼，过了半晌说他会重做。他觉得我实在不讲理，并且觉得我用权力来压他的做法很有问题。但他最后还是重做了，而且做得很好。他的下属因而得到了这份重做的、经过深思且极为详尽的绩效评估报告。因此，这个下属到底同不同意我的看法其实影响不大，重要的是他愿意着手去做。

评估"明日巨星"

我和其他大约 20 位中层经理人努力地想建立一些绩效评估准则。经过一番讨论研究，我要求他们应用这些准则来分析自己曾经收到过的评估报告。结果虽然不如预期，但我从中学到了很多。

这群经理人个个都是成就导向型的，而且在评估中得分都很高。这些评估报告写得都非常好，远远超过了英特尔的标准。然而，在内容上，它们多半只是回顾、分析这个下属在前一年中做了些什么。

虽然绩效评估最主要的目的在于提高被评估人的绩效，但我们在大部分报告中却看不到一丝一毫的改进建议——甚至连如何维持现状的建议都没有。对这些“明日巨星”级的人，主管似乎只是在努力地找出他们做得好的证据，而并没有把心思放在如何提高他们的绩效上。但对于表现不佳的下属，主管通常能写出长篇大论并巨细靡遗地告诉他们如何改进，希望通过明确的指示，这些表现不好的边缘人能至少达到所要求的最低标准。

我想我们是把优先级完全弄反了！我们应该在那些“明日巨星”的身上多花些时间，因为毕竟公司的成功大部分是这些人的功劳。换个角度看，在这些人身上多花点心思会得到较高的管理杠杆率，如果他们能做得更好，对整个组织无疑会产生很大的影响。

不管是对“明日巨星”还是对表现欠佳的下属，要批评他们其实都一样困难。然而我们必须牢记在心的是：不管一个明星下属表现得多好，他总还是会有改进的余地。即使对一个“明日巨星”，我们还是能通过“后见之明”来敦促他进步。

其他细节

在评估你的下属前，是不是先请他做一下自我评估呢？以下是我的看法。你对自我的评估无疑非常重要，但你真正想知道的是你的上司怎么看你过去一年的表现。如果你做好了这份自我评估并交给了你的上司，而他只是改了框架，在计算机里重新输入一遍，给了你很好的评价然后交还给你，你会做何感想？大概会有一种被欺骗的感觉吧。

如果上司必须靠你告诉他你过去一年的成就，那么显然他对你上一年在干些什么不太关心。评估下属的绩效是正式领导活动的一部分，如果主管让这样的事情脱了手，他们的领导能力便不值得信赖了。

因此，主管必须全力保证其判断的完整性。为此，主管无论如何都得自己做下属的评估。

至于要你的下属评估你的绩效是否可行，我倒认为这个方法不错。但你必须让你的下属明白，你评估他们的绩效是你的职责，你的下属对你的评估则是“仅供参考”。重点是：他不是你的老板，你才是他的老板！而且不管在什么情况下，你和下属在做绩效评估时都不应该假装你们是在平等的位置上。

你应该在什么时候把书面的评估报告给你的下属？是讨论之前、之后还是之中呢？三种做法我都试过，我们这就来讨论每种做法的优缺点。

如果你在讨论之后才将书面报告给他，下属在读的时候可能会发现有些事情在讨论时没听到，因而就此跟你讨价还价。那么在讨论之中给下属书面报告效果如何呢？一个经理告诉我他是这么做的：他要这个下属先读几段，然后他们就这个部分讨论，就这样逐步地做完评估。我很容易就发现了这么做的缺点：当下属急着要知道结果如何时，主管怎么能要他说停就停呢？另外一个经理告诉我他会自己念评估报告的内容以控制讨论进度。同样，下属还是会急着想知道接下来是什么，而无法专心听你念的内容。

除此之外，如果下属在讨论时才拿到书面评估，他根本没机会仔细考虑报告内容；可能在讨论完才开始自言自语地抱怨："刚才我应该针对第一点或第二点辩驳一下。"要让会议成功，你应该让下属有足够的时间对评估内容做出反应。

基于我的经验，最好的方法是在面对面讨论之前将书面评估报告交给你的下属，让他可以找时间先消化吸收一下，仔细体会你所要传达的信息。当你们真正坐下来谈的时候，他已经在思想上和情绪上做好了准备。

"做绩效评估并将结果告诉下属"是经理人最艰难的工作之一。最好的学习方法是参考你过去曾收到过的评估报告。如果你够幸运，你可以从上司给你的评估中找到好的绩效评估传统，借此维护公司评估系统的完整性。

然而，每个人都必须不断地朝“将评估做得更好”的目标迈进。每年我都会从下属写的绩效评估报告中随机选出100篇左右仔细阅读，批阅之后有些我会要求重写，有些则得到嘉勉。我将此当成一件大事，做到让大家都听得到、看得见，因为我必须不厌其烦地向英特尔的每个员工强调这个系统的重要性。

只要有一点点缺失，我们这些经理人就有愧于这项“工作反馈”的职责。

第 14 章

招人与留人

每一个经理人迟早都会碰到两个任务：面试新员工，以及设法让一个萌生去意的优秀下属留下来继续为公司效力。

面试的目的可归为以下 4 类：

（1）找到一个具备能力及潜力的人。

（2）让他认识你并且了解这个公司。

（3）确定此人的能力和这份工作是否相符。

（4）想办法把他招进公司。

通常，一个经理人必须花一两个小时进行面试，并且设法调查应聘者的经历及背景。

我们知道，即使是评估一个朝夕相处的下属的绩效都不容易，更不用说要你在一两个小时之内判断这个人是否能胜任全新的工作了。

绩效评估已经很难了，面试则是难上加难！但我们必须意识到这是经理人责无旁贷的工作，再难也得做。重要的是你要先明白这件事具有很高的风险及失败率。

另外一个评估应聘者能力及潜力的方法，则是通过他过去公司的主管了解他以往工作的表现。但若使用此法，你通常得和一个完全陌生的人交谈。即使他可以毫无顾忌地谈这位应聘者，如果你并不了解这家公司做生意的方式及他们的企业文化，这样的交谈对你而言也没有太大的价值。更糟的是，有些关系人根本不会告诉你实情，即使员工已离职，他们还是不愿扮红脸。因此，就算你做了背景调查，在面试时还是不能松懈。

营造成功的互动

面试时应该留八成的时间让应聘者开口讲话，而且必须让他讲你关心的话题。你要设法当一个积极的聆听者，以便掌握谈话内容。要随时谨记：你只有大约一个小时来了解这个人。

有时在你提出一个问题后，一个话痨型或紧张的应聘者可能在你对他的答案已失去兴趣时仍然滔滔不绝。大部分面试者可能基于礼貌耐心聆听，但你应该打断他。因为如果你不打断他，便是在浪费你仅有的资产——面试的时间。你必须利用这段时间多了解这个人。所以一旦你觉得谈话离题了，就该赶快把它引向正轨。你可以向他道歉，然后说："我想换一个话题。"面试应该由你掌控，如果你放弃这个权力，就只能怪你自己。

如果你能将面试讨论的主题引到你们两人均熟悉的事情上，你将能从面试中得到最宝贵的信息。被面试者应该自我介绍、谈他的经历、做了些什么、为什么这么做、如果有机会重来一次将会如何改进等等，但他应该以你能了解的方式来解释这些事情，这样你才能对它们进行评估。

简而言之，你必须确定你们在同一问题的理解上没有分歧。除了尽可能了解，你还得把握以下两个重点：

◆ 提出问题

你在面试时应该提什么问题？以下是一些经理人认为面试时可以提的比较好的问题：

（1）描述你曾经负责而且令你的上司很满意的项目，特别是你直属上司的上司也觉得满意的那些项目。

（2）你的弱点或短处是哪些？你如何改进？

（3）告诉我为什么我们公司应该录用你？

（4）你在目前的职务上碰到过哪些问题？你是如何解决的？如何预防这些问题再度产生？

（5）为什么你觉得自己能够胜任这项新工作？

（6）你认为你重要的成就是什么？为什么？

（7）你遭受过最严重的失败或挫折是什么？你从中学到了什么？

（8）为什么我们要聘用一个有工程师背景的人来担任营销经理一职？（这个问题可随招聘岗位而改变。）

（9）你在大学时修过的最重要的课（或者完成的最重要的项目）是什么？为什么？

◆ 收集信息

由以上问题你可以收集到的信息大致可分为4类：

（1）应聘者的专业知识如何，他对新工作的技能是否了解。（对一个应聘会计工作的人，他的专业知识是会计，税法律师是税法，精算师则是统计……以此类推。）

（2）评估应聘者在之前的工作中运用其专业知识和技能的能力。简单地说，我们不仅要知道他懂多少，还要知道他用得如何。

（3）了解他“懂的”和“用的”之间的差异——他的能力和绩效之间的差异。

（4）他在工作上的价值观是怎样的。

接下来我们便要将以上信息分门别类：

【专业知识 / 技能】

• 描述以往负责的项目

• 你的弱点或短处有哪些

【运用专业知识和技能的能力】

• 以前有哪些成就

• 遭受过什么失败或挫折

【知与行之间的差异】

• 从以前的失败中吸取了什么教训

• 目前职务上碰到了哪些问题

【工作价值观】

• 为什么你觉得能胜任此项工作

• 为什么我们公司应该录用你

• 为什么我们要聘用有参与过工程背景的人担任营销经理一职

• 大学时修过哪些最重要的课程，做过什么项目计划

充满风险

面试最终的目的是判断应聘者能否胜任此职位。这一点和我们之前在绩效评估时提到的原则——避免落入“潜力”

的陷阱有极大的不同。招聘新人时，你必须判断这个人在未来能做出什么贡献。

在大约一个小时的面试中，你必须在应聘者过去的工作环境和你公司现在的工作环境之间不断转换，然后根据这个应聘者自己描述的过去的工作表现，来预测他未来在你公司中的表现。这个管理工作明显充满了风险，且难以避免。

在面试中你经常不得不借助应聘者的自我评估来做评判，但你也能通过直接的提问得到直接的答案。例如你可以问："你在这项工作上的专业技能如何？"应聘者很可能会倒吸一口气，然后清清喉咙不太肯定地说："……我想还不错。"你在听的时候便能判断他的能力如何了。不要担心问题太单刀直入——这样的问题才容易得到直接的答案。就算不行，你也经常能通过应聘者回答时的措辞或肢体语言等，对他有更进一步的了解。

◆ 假设性问题

问一些假设性问题也有助于了解应聘者。我曾经面试过一个人，他应聘英特尔的成本会计一职。他毕业于哈佛大学，获企业管理硕士学位，过去曾服务于餐饮服务业，对半导体这个行业几乎完全不了解，而我对财务管理也是所知有限，因此我们很难针对这个工作所需要的专业知识进行详谈。

之后我决定向他介绍半导体的制造流程。接下来我问他一个芯片成品的成本到底有多少——他可以提出任何问题以得到需要的辅助。于是他结合他在成本会计上的专业知识和半导体行业的细节，最后算出了正确的答案。这个面试过程证明了他在成本会计方面的卓越能力，现在他已是英特尔公司的一员。

◆ 让应聘者发问

另外一个面试技巧则是让应聘者发问。借此你可以了解应聘者的专业背景及工作价值观。问问他对你或这家公司、这项工作有没有特别想知道的事情。他所提出的问题其实也就告诉了你他对这家公司了解多少、有什么他想更深入了解的，以及他为这次面试到底做了多少准备。

但就算你做到了这一点，也仍然不能确保万无一失。我就曾面试过一个应聘经理职位的人，他在面试之前已经把英特尔的公司年报背得滚瓜烂熟，甚至还准备了一些连我都回答不了的精辟问题。因此我对他印象十分深刻，之后也录用了他。但不幸的是，他在工作上的表现极差。

就像我说过的：面试充满了风险。

◆ 与推荐人谈一谈

最后你可以和认识应聘者的推荐人谈一谈。你在和他们交谈的时候，其实是希望他们提供的信息和应聘者告诉你的信息相同。如果你本来就认识这个推荐人，你所得到的信息的可信度就会大幅提高。反之，你则需要想办法延长电话交谈的时间，以建立起一些私人的关系。如果你能找出一些共有的经历（例如你们是校友）或者你们碰巧都认识什么人，他便更容易对你开诚布公。

以我的经验，如果谈话持续半小时，那么最后10分钟的价值通常远远超出最初的10分钟。感谢人际关系的威力！如果有可能，在你调查过推荐人之后，你应该再约这位应聘者来谈一谈。因为你也许从推荐人那里又得到了一些重要信息，因此这一次的面谈能够更加深入。

◆ 面试没有诀窍

你也许会问我面试到底有没有什么诀窍？我所听过的最绝的面试怪招是美国海军核潜艇项目的招聘过程。很显然，负责这个项目的将军会亲自面试每一个应聘者。他所用的怪招是让面试的人坐一把断了一条腿的椅子。这个可怜的应聘者很容易失去平衡跌下来，然后这位将军便借机观察这个人处理窘境的能力。

但我个人认为面试应该光明正大。切记，每一个应聘者都有可能成为你未来的下属。如果第一印象不好，他可能不告诉你原因就拂袖而去。如果你碰巧录用了这样的人，你可能得花好大的功夫才能改变他对你或公司最初的坏印象。所以，你应该尽可能地呈现你自己与工作环境真实的一面。

有没有任何方法可以保证面试成功？好几年前我面试了一个应聘英特尔高级职位的人，在整个过程中我非常小心谨慎，最后我录用了他，因为我觉得我对他的才能、过去的表现以及价值观都十分了解且满意。但后来这个人的英特尔生涯从第一天起就是一场噩梦。

之后我变得更加小心，在录用一个人之前，我一定会反复查看面试时的笔记并回忆和推荐人的交谈。时至今日，我还是搞不懂当初为什么没有看出那个人有那么多的缺点。因此，我只能提供以下的忠告：无论你如何小心谨慎，面试都无法保证什么，小心只会增加你的运气。

我不干了！

爱将突然告诉我他决定辞职是我当经理时最大的梦魇。我这里所指的并不是那种“有钱好办事”或是想以跳槽为借口谋求升职的员工。

我所指的是非常敬业但觉得没有受到上司赏识的员工。公司和你都不想失去这样的员工，而且他这样的决定也反映出你并未尽到责任——身为他的上司，你并未让他的努力得到认同。

这种场景常发生在你正急着去处理什么事的时候——也

许你正赶着参加一场非常重要的会议，你的这位爱将突然有点儿迟疑地拦住你，有气无力地问你有没有时间，然后小声地告诉你他已经决定辞职。你可能一时愣住了——但此时，你对他这项宣布的最初反应非常非常的重要。

如果你是个普通人，你很可能只想赶快逃离现场赶去开会，然后咕哝着要他等你有时间再谈。但在大部分这样的例子中，员工想辞职是因为觉得自己不受重视，如果你再不能在他发出警示时妥善处理，无疑更加深了他对你的既定印象，辞职恐怕在所难免。

所以，你应该马上放下手头的事情，请他到办公室坐下来，问他为什么要辞职。让他畅所欲言，千万不要和他起任何争执。相信我，你的爱将已经在不止一个失眠的夜里将这套词儿演练过千百遍。等到他讲完所有他要辞职的理由（没有一个是真正的理由）后，你再多问他一些问题。先让他说个够，因为当他讲完了事先准备好的那一套说辞后，真正的理由也许才会显现。

千万不要争辩，不要说教，也不要动气。记住一点，这只是个开场，真正的大战还在后头。决胜的关键并非在此，但如果你不加小心处理，就可能一败涂地！你必须通过你的言行让他知道他对你的重要性，且你必须找出真正困扰他的理由。

不要想在这个当口儿改变他的想法，你该做的是争取时间。在他吐完了苦水之后，问他能否给你一些时间想想——利用这些时间，你必须武装自己以面对下一回合，并且履行你在第一回合时承诺的事情。

你该如何进行下一步？因为是碰到了大难题，所以你赶紧跑到你的上司那里求援。他可能也正忙着赶去开一场重要的会议。就像你一样，他也开始打起拖延战。并不是他不关心，而是因为事情对他的影响显然比对你的影响小多了。毕竟要辞职的是你的下属！如何让你的上司同样关心这个问题并协助你找出解决方案全靠你了。

能不能将企业视为一个整体、抛开本位主义，对接下来的处理步骤至关重要。你的下属是个极具价值的员工，不只是对你的部门，对全公司也很重要。因此，你必须想尽办法将他留在公司里，即使你必须把他调到其他部门，也要这样做。

如果你真的必须将他调走，就得负责这整个流程直至尘埃落定。你也许会问，既然自己的部门留不住他，何必还得费这个神？但这里有一个重要的原则：你欠你的公司一份情，因此得帮公司留住人才。除此之外，这种处理方式还很可能带来良性循环：你今天留住了一个人才，虽然他可能被调到别的部门，但难保哪天别的部门的将才也会过来为你效力。

从长远来看，如果每个主管都能抛开本位主义尽力留住人才，大家都会有好处。至此，你可能已经准备好了对策和你的下属展开下一回合的谈判。

他会说出他要离职的真正理由，而你则想好了怎么做会对整个公司有利。到这个时候他应该已经知道他在你心目中的地位，但他可能也会问你为什么不早点说要提升他的事。接下来他可能会说，你是因为被逼得没办法了才这么做，他不想被你看成是那种“会哭的孩子有糖吃”的人。

怎么安抚他仍旧是你的责任。你可以说：“我们并不是被你逼得没办法了才这么做，这本来就是我们该做的事。你的辞呈让我们惊觉以前的失误。但即使你不提辞呈，我们也应该这么做。”

你的爱将可能还不罢休，他已经找到另外一份工作而且很难推辞。你必须再耐心地帮他“辞掉”这份未来的工作，告诉他，他这样做其实关乎两个承诺：第一个是对这个他了解不深的新公司，第二个则是对你这个现任上司。而对现在的公司及朝夕相处的同事的承诺，应该远胜于对一个刚在面试中见过几次面的未来主管的承诺。

就像我说过的，整件事不管对下属还是主管都是不简单的。但你无论如何一定要做出努力，因为这攸关公司的整体利益。这件事其实已不仅是要留住一个人才。该下属之所以有价值而且极其重要，全是由于他的作为。别的员工都尊重他的能力，且与他同样有能力的人也将视他为楷模。因此，你如何处理这位爱将的辞呈，事实上牵涉到的不只是他一个人，这件事的处理还会影响其他下属的士气以及你这个经理人对公司承诺的履行。

第 15 章

报酬的诱惑

报酬要能明显地反映绩效。

金钱在马斯洛所有激励层次中都扮演着相当重要的角色。前面已经提过，人需要用钱来买食物、付房租以及缴保险费，这些都是基本生理与安全保障需求的一部分。

但当这个人的需求层次向上提升之后，金钱便不再只是衣食温饱，而转变成衡量一个人在竞争环境中到底有多少价值的标准。

前面我曾经举例说明金钱对一个人的影响与其心理需求有关。如果调薪的绝对值很重要，那么他工作的动力可能还是来自基本生理与安全保障的需求；但如果重要的是调薪的相对值，那么这个人的激励便很可能来自自我实现，因为金钱在此只是衡量的工具，而非必需品。

对较高层级的人而言，随着数字的逐渐增加，薪酬所代表的物质价值反而会越来越小。以我的经验，中层经理人拿到的报酬通常已经足够让他们不用太担心钱够不够用，但也不足以让他们完全不用担心。

当然，每个经理人的需求可能还是会有很大的差异，另一半是否在职以及有几个小孩等，都会产生不同的情况。身为上司，你必须对下属不同的金钱需求非常敏感，让他们知道你与他们有相同的感受。你尤其要特别注意不要以自己的情况来衡量别人。

回馈的多种考虑

经理人最关心的是如何提升下属的绩效。因此，我们希望能将金钱的分配作为工作回馈的一部分，以激励下属有更好的表现。要做到这一点，报酬要能明显地反映绩效，但我们也知道，准确地评估绩效并不是一件简单的事。因为中层经理人并非按件计酬，所以我们找不到一个简单的产出标准来衡量他的工作，而且因为中层经理人的绩效和他所领导的部门的绩效有关，所以直接以中层经理人的绩效来决定其报酬变得十分困难。

但我们还是可以找到折中的办法。我们可以中层经理人的绩效来决定其一部分薪资，我们称此部分薪资为“绩效奖金”，这个奖金在经理人全部报酬中的百分比应随着报酬的增加而增加。因此，一个对金钱的“绝对值”不大有感觉的高层经理人的绩效奖金可能占了全部报酬的 50%，而中层经理人则大约是 10%～25%。即使是中层经理人，金钱上的波动仍可能会对其个人生活造成很大影响，但用此方法，我们至少能让每个人都尝点“工作回馈”的滋味。

要设计好绩效奖金的制度，我们必须要考虑各种不同的因素。首先，考虑绩效的类别是个人绩效还是团队绩效。如果是团队绩效，则必须弄清楚这个团队的组成：它可能是项目小组、一个部门，甚至整个公司。

同时我们必须考虑绩效奖金涵盖的时间范围。之前提过，工作的成效通常并非立竿见影，而是要隔好长一段时间才看得到效果，但绩效奖金的发放必须在时间上尽量接近工作完成之时，这样员工才会记得他们为何受到奖励。接下来，我们必须决定奖励的基础：是只着重于数字（例如财务报表上的营业额），还是要参考一些可衡量的目标，或是将目标分成好几个子项目来衡量？最后，我们必须注意这个奖励制度会不会过于挥霍公司财产而导致公司有破产之虞。

如果你将以上因素都列入考虑范围，则很可能会面临一些棘手的问题。举个例子，你建立的制度可能是以三个因素来决定一个经理人的绩效奖金。第一个因素是他个人的绩效，我们可由其上司所给的绩效评估报告得到资料；第二个因素是他直接管理的下属（或许是他的部门）的绩效；第三个则是整个公司的财务表现。如果你把一个经理人全部报酬中的 20% 分成以上三部分，虽然每部分之于全部的报酬都只占一小部分，没有太大影响，但下属们还是会留意到它们的存在。

无论你如何努力，都没有一个奖励制度能完全满足你的需要，但它至少能反映出绩效的重要性，并给予员工与工作相关的回馈。

同时我们也可将焦点转到底薪制度上。底薪制度可以分为两个极端：一种是完全看资历，另一种则完全看工作表现。在“看资历”的制度下，员工的底薪随着他在一个职位上所待的时间而增加。但如我们在图 15–1A 中所见，每一份工作所包含的最大价值都是有限的，不管一个人在这个职位上待了多久，最后他总会达到薪资的上限。而在“看表现”的制度下，薪水的多寡和待多久则完全没有关联，它传达给员工的信息是：“我不管你是大学刚毕业还是已经在公司待了 20 年，只要你对公司有贡献，就是好员工！”

同样，即使在这种制度中，每份工作的价值仍然有其极限。社会规范有时能迫使我们做出一些不实的报酬安排。例如，即使我们都了解每份工作的价值有其极限，薪水到了顶点就不该再调升，但因为所谓的“例行性调薪”，我们有时会让一个员工拿的薪水高过他工作的价值。

很多公司的底薪只看资历。在日本的大型企业中，前 10 年通常只看资历不看表现——而这 10 年通常也是一个专业人士最具生产力的时候。同样，工会及大部分政府机构的工作也是只看资历。且不论这种做法公平与否，经理阶层传递的信息是“表现得是好是坏没有太大关系”。在很多学校的系统中，只要资历相同，一个好老师和一个差老师拿的薪水没什么两样——教师评级的结果和他的所得并不相干。这不禁让我联想到学校里及格与优秀的制度——得 60 分和得 100 分没太大差别，大家都可以升级。

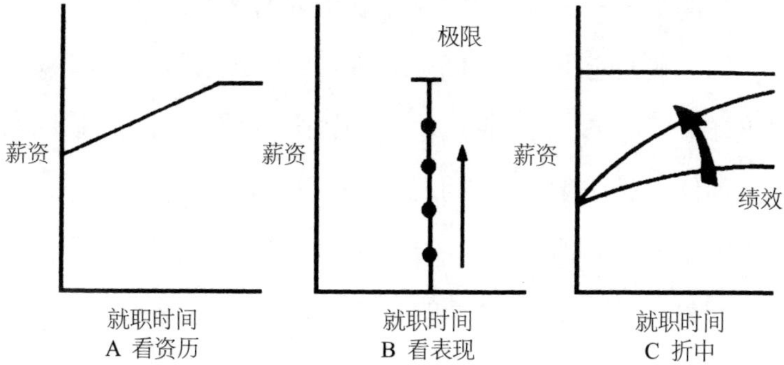

图 15–1　底薪制度有两种极端，而大部分公司采用折中的方式

但如果只看表现同样不切实际。如果你要给人一个合理的薪水，几乎不可能不看他的资历。因此，大部分公司所采用的制度都是在这两种极端之间找一个折中的方法。在图 15–1C 中，你可以看到两条曲线以及其中没画出来的其他曲线。这些曲线大致代表了资历与表现并重的制度，如你在图中看到的，虽然大家的起薪相同，但根据每个人不同的表现，他们的薪资以不同的速度提升。

在这三种制度之中，只看资历无疑是最容易管理的。如果你的下属对他的调薪幅度有疑问或者不满意，你只需翻开人事部给你的薪资手册，告诉他："某项、某条写得很明白，你在这个职位待了三年，调薪幅度就是这个数字。"如果经理人采用了看表现或折中的制度，他就是在进行有限资源（公司人事预算）的分配，这项工作非常费神又伤脑筋。如果真要采用后两种制度中的一种，经理人会碰到一个经常困扰他们的难题——他们必须在下属中分出良莠、比出高下。

除非我们能在下属之间分出高下，看表现或是折中的薪资制度才能够运作。我们在运动竞赛中很容易接受排名在后的结果，即便是取得最后一名的人都会说总要有人殿后。可是，工作上的排名却常遭人指责，很难让人接受也很难管理。但如果我们想利用薪资来鼓励下属的表现，排名绝对是必要的。

升职

升职是个人工作实质的改变，升职的机制对每个组织的健全运作都非常重要，因此需要很小心地处理。

很明显，对个人而言，升职通常也代表着大幅度的调薪。在公司里，某个人的升迁往往会被其他人关注，因此这是组织向员工传达其价值观的一个很重要的方式。是否给予升迁必须基于个体的绩效，因为唯有如此，大家才会将焦点放在绩效上，并且努力地提升绩效。

我们在讨论升迁这件事的同时，也必须探讨“彼得原理”：如果一个人做好他的工作，他便会受到上司提拔，而后一直往上升，直到他无法胜任，便停在那个位置上。如同其他著名的原理一般，“彼得原理”也反映出了“论功行赏”制度中的一些事实。

图 15–2 代表某个人的升迁情况。在起点 A 上，工作甲对这个人非常具有挑战性，所以他的表现不尽如人意，只是及格而已。

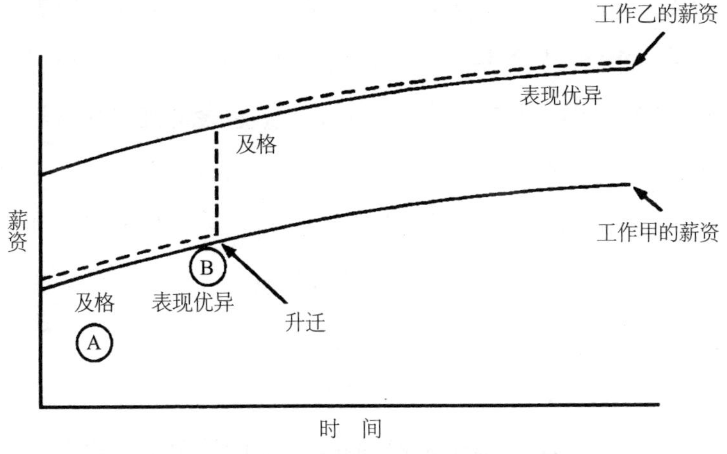

图 15–2　一个成就导向型的人在职业生涯发展中将不断地在“及格”与“表现优异”这两种评价之间游走

但随着时间的推移，他所受的训练渐增，工作的动力增强了，工作的绩效也超出一般水准，评估结果是“表现优异”。这个时候我们开始考虑这个人应该得到升迁，而且也确实提升了他。一开始他只能达到“及格”的标准，但随着资历渐丰，他在这个工作上还将有优异的表现，因此很可能会继续得到上司的提拔并不断重复这样的循环。

因此，一个成就导向型的人在整个职业生涯中将不断地在“及格”与“表现优异”这两种评价之间游走，直到有一天他停在“及格”的层级上再无突破。这或许是对“彼得原理”较好的解释。

你也许要问我，对此有没有其他的替代方案，我的答案是“没有”。一个人的表现到了 B 点后，我们若不再让他处理更多的工作，接受更大的挑战，那么即使他在工作甲上“表现优异”，我们也还是没有充分地运用公司的人力资源。长此以往，他会开始退步，而他的绩效也会退到“及格”边缘并一直停在那里。

因此，你会发现“及格”也分两种：一种是下属不再受激励去做更多事情或接受更大挑战。这种人已不再具备竞争能力，他所想的只是在现职上颐养天年。另一种“及格”的人则竞争力十足。当他在一份工作上“表现优异”时，他会成为一个更高职位的候选人。如果他真的被提拔，他也很可能表现平平。这就是“彼得原理”所说的那种人。

但我们除了提拔一个人直到他无法胜任，实在没有其他的选择。因为借此我们至少能鞭策员工朝着更好的绩效努力，而且虽然他们可能有一半的时间表现平平，但他们可是在更艰难的工作上表现平平！

别怕"再回收"

有些时候一个人可能被提升到超出他能力太多的职位上，因此有很长的时间他都达不到及格线。如果这种情况发生，解决方法是将他"再回收"：把他放回到之前表现优异的工作中。

很不幸的是，在我们的社会中我们很难这么做。人们倾向于将此视为个人的失败。但事实上，真正出错的是管理层，因为他们高估了这个人接受更大挑战的能力。通常在这种情况下，这个人会被迫离开公司而非降级。

而主管们用来使之"合理化"的说辞则是："这全是为了他好！"我认为在这种情况下逼员工辞职简直是错得离谱。相反，我认为管理层应该勇于认错，并设法将他放回到他能够胜任的职位上。他很可能会觉得难为情，但主管要尽全力支持他。

如果"再回收"做得光明正大，大家就会很惊讶地发现"难为情"的阶段很快就会过去，而结果会十分圆满，因为我们通过过去的经验已经知道他能把工作做得很好。以我的经验，这样的人一旦重建了信心，之后还会成为热门“晋升候选人”——而且大部分人在第二次都会成功。

总而言之，经理人必须负责绩效评估与“论功行赏”，并且要做到公平、公正、公开。如果真能做到，对整个组织绩效的提升将大有助益。

第 16 章

别等火烧眉毛才培训

没有受到良好培训的员工就算再怎么努力，结果仍然会是效率低下、成本增加、客户不满，有时甚至还会使公司陷入危机。

前不久我和妻子决定去饭店共进晚餐。在电话里负责接受订位的工作人员对业务似乎不太熟悉，最后她向我们坦白她才来不久，有些事还不是很了解。

但不管怎样，她还是帮我们订了位子。结果等我们晚上到了饭店才发现，这家饭店不久前被吊销了卖酒的牌照，客人如果要喝酒得自己带。饭店经理很不好意思地搓着双手向我们道歉，并问道：“你们在电话订位时没人告诉你们吗？”

于是，整个晚上我们享用着佳肴却无美酒相伴。我同时也注意到，这位经理几乎向每一桌他带位的客人道了歉。虽然我不确定真正的情况是什么，但我想大概没人教这位接受订位的工作人员必须告诉客人要自己带酒。因此，这位餐厅经理必须很笨拙地逐桌向客人赔不是，而客人也只能“望杯兴叹”。

员工培训没做好的结果还有比以上的例子更严重的。以下是发生在英特尔的真实故事。在我们的芯片厂有一个很精密的机器叫“离子注入机”，曾经一度运转失灵。那时负责操作它的人和前面餐厅的引领员一样是个新手。

要命的是那位新操作员在接受基本培训时，并没有人教他如何判断机器运转是不是正常。所以当机器出现问题时，他还是让机器继续运转，导致近乎一天生产出的半成品全部作废，等到发现问题尝试补救时，损失已经高达100万美元。而这些产品必须花大约两个星期才能重新生产出来，因此不少客户的交货时间被迫拖延，这又加大了问题的严重性。

实际上，这种问题在工作中经常出现。没有受到良好培训的员工就算再怎么努力，结果仍然效率低下、成本增加、客户不满，有时甚至还会使公司陷入危机。而经理人常常在问题产生之后才意识到培训的重要性。

谁应该负责？

对日夜操劳、日程表排得满满的经理人而言，问题可能出在没有明确谁应该负责培训课程上。大部分经理人可能觉得这个责任应该由别人承担——也许应该是一些咨询顾问公司的培训专家。但我的看法则不同，我坚决认为经理人应该扛起培训员工的责任，这主要出于几个原因：

◆ 部门产出即经理人的产出

经理人的产出是什么？在我看来，经理人的产出便是他所负责的部门的产出——一点不多一点不少。因此，经理人个人的产出量取决于他如何提升下属的工作效率。

通常有两种方法可以提升下属的绩效：第一种是增强他们工作的动力，使他们尽力把工作做好；第二种则是增强下属的工作能力——这也是开办培训课程的目的。大部分经理人都认同激励下属是他们的责任，不应假手他人，但他们为什么不能在同样能够提高员工绩效的培训课程上花些时间呢？

很明显，培训员工具有极高的管理杠杆率。举个例子，如果你必须为你的部门上 4 堂课，假设每堂 1 小时的课你要花 3 小时准备，那么你花在这次培训上的时间是 16 个小时。你的部门如果有 10 个人，第二年他们在公司的工作时间将大约为 2 万小时。如果你的培训能将下属的绩效提高 1 个百分点，对公司而言便是多了 200 个小时——而这只是你花了 16 个小时的结果。

当然，这些假设都是在培训课程能正确引导下属将工作做得更好的前提之下才成立。但在实践中并不一定如此——尤其是管理顾问公司提供的“打包课程”的效果常常有好有坏。要把培训课程办得有效，它的内容一定要和组织中的行事方式紧密结合。

不久前，我们请了几个管理顾问公司的人到英特尔给员工进行职业生涯发展方面的培训。他们的课程安排非常结构化而且有学术性——最重要的是和我们公司实际的行事方式很不相同。这些顾问所建议的职业生涯规划包括一定的工作轮调，但在传统上，英特尔一向是个自由市场：哪一个部门有空缺，员工都会从布告栏或其他公开渠道得知，然后再依个人的需要或能力去应聘。因为培训课程的内容和公司实际之间的差异，这些受训员工的士气一度比较低落。

要把培训办得有成效，还得注意其持续性。课程的安排应该有系统、有计划，而不是等有了问题、到了火烧眉毛的时候才赶快开课。换句话说，培训应该是一直在进行，而非只针对单一事件。

如果你认同培训和激励都是提高下属绩效的方法，那么培训内容就必须和公司实务相契合，而培训也应该系统化地持续进行。这样谁该负责培训课程就很清楚了——就是你这个身为上司的人。你不但应该培训直属下属，也许还得负责直属下属以下几个层级——包括在你之下的主管们也应该依此培训他们的下属。

◆ 员工的楷模

以上还不是你应该亲自培训下属的唯一理由。培训必须由足以成为员工楷模的人直接负责，外面找来的人即使对课程内容很熟悉，讲课也很精彩，也还是无法担任这个角色。站在学员面前讲课的人必须有其可信度及权威性。

在英特尔，从上到下、从公司总裁到第一线的主管都相信培训是有价值的活动。英特尔的员工大约有 2%~4% 的时间花在培训课堂上，而绝大多数的讲师都来自公司内部的经理层。

英特尔有一本课程简介，列出了 50 多种不同的课程。课程涵盖了最基本的电话礼仪，以及相当复杂的生产制造课程——如“如何操作离子注入机”，要学会正确地操作此机器，员工大约需要 200 个小时的在职培训，比拿到飞行执照的时间还要长 5 倍！

英特尔为经理人开设的课程则包括战略规划和“建设性冲突的艺术”——建设性冲突是英特尔常用的解决问题的方法。我自己负责的培训课程则包括“如何进行绩效评估并将结果传达给员工”“如何让会议更有效率”，以及一场 3 个小时的公司简介宣讲会。在简介中，我阐述了公司的历史沿革、目标、组织架构以及管理实务，公司里大部分经理人都上过我的“公司简介”课。有时我也临时帮别人讲其他管理方面的课程。（遗憾的是，面对日新月异的科技课程，我已经有些落伍了。）

在英特尔，我们将培训分为两类：第一类是教新员工工作上需要的知识、技能；第二类则是向老员工传授新的观念、准则及技术。

弄清“新员工培训”和“新技术培训”间的差别非常重要，因为这两种培训的侧重点大不相同。“新员工培训”任务的侧重点由新员工的数量决定。如果一个部门的员工流动率是10%，而其年度人员增长率也是10%，则这个主管每年必须对部门中20%的员工进行培训，任务之艰巨可想而知。

而向整个部门传授新观念或新技能则更为劳心费力。如果你在这一年内要培训好每一个下属，则这个任务比之前只培训新员工的任务要艰巨5倍。我曾看到一篇题为“中层经理培训课程一日成本”的报告，光是这些学员的时间价值就已经上百万。可见，这种课程不能草率为之。

分清轻重缓急

如果你已经成了培训的拥护者，下一步该怎么做呢？首先，列出你觉得下属或你的部门需要接受培训的事项。

此时先不要划地自限，你应该从很简单的项目（如培训饭店的订位人员）开始，向较高级且抽象的项目推进（部门目标或价值系统，甚至工厂或整个公司的目标或价值系统）。你不妨问问下属他们需要学些什么，他们的答案很可能会让你惊讶，因为你可能从来没发现这些都是他们的工作需要掌握的。

在你做完以上功课之后，你便应该开始找讲师以及辅助教材，然后决定这些课程的优先级。

特别提示，如果你以前从来没有设计过培训课程，开始时野心可别太大。先为最紧要的项目设计短期（3～4 堂课）课程。你将会发现，一些你已熟练掌握多年甚至闭着眼睛都能实施的技能，解释起来却比实际操作困难得多。你也会发现当你在尝试解释事情的时候，你会不知不觉地利用越来越多的背景信息帮助你解释，直至最后可能连原来课程的主题都模糊了。

为了避免在准备课程上花太多时间，你必须安排好时间，设定截止时间，然后按照时间表全力以赴。写好上第一堂课的课程纲要后，你就可以上阵了！

在上了第一堂课之后再开始设计第二堂课，你要把第一堂课抛在脑后——这堂课绝对不会太成功。因为不管你多么努力，第一堂课还是处于探索阶段。千万别为了第一堂课而沮丧，你应该接受第一堂课的失败是在所难免的事实，并将其视为改进之后课程的铺路石。但为了确保第一堂课不会造成任何不良的结果，你可以找下属中较具经验及技能较高的人做试验——这些人不会被你搞迷糊，并且还能通过课堂上的互动及课后的总结帮你将课程设计得更完美。

在即将上第二堂课之前，再问自己最后一个问题：你是不是能独立培训整个组织中的所有人？是只开一两堂课就能涵盖所有人，还是必须开十几二十堂课？如果你的公司规模很大，而同样的课又必须开好几堂时，你不妨通过前面的几堂课培训出几个讲师代你讲课。

在你上完每一堂课之后，请上课的学员对课程进行匿名评价。评价表上除了用分数评定，还应该包括一些开放式的问题。你应当仔细阅读与思考学员的评价，但你也要明白，要取悦每一个人是绝不可能的。

常见的评价包括课程内容太详细、太空泛或是恰到好处，而这几种评价所占比例大致相同。你的最终目标应该是让自己因达成设定的培训目标而感到满意。

如果你是第一次开培训课程，你将会发现以下一些有趣的事：

1. 负责培训课程是一项艰巨的任务。准备授课内容并处理学员在课堂上提出的各式各样的问题绝非易事。即使你对自己的工作已十分娴熟，对你做过的职位也了如指掌，你仍会惊讶于自己竟有那么多不知道的事。这很正常，千万别沮丧！向别人传授知识远远难于自己动手去操作。如果你不相信，只要试着在电话里教一个人开自动挡的车，你就知道我所言不假。

2. 谁会在培训课程中收获最多？你自己。在准备课程过程中对各种问题的解答、对各种疑问的厘清，能帮助你更了解自己的工作。仅仅这件事就极有价值。

3. 你将体会到培训课程进展顺利时那种欢欣鼓舞的感觉；但这种感觉再好，还是比不过你看到下属在工作中运用你所教的技能时的那种激动。好好地享受这些感觉和激动，它们将会帮助你更勇敢地面对下一次设计培训课程的挑战。

期末考

最后的叮咛

各位读者，感谢大家对我的信赖，买了这本书而且读到这里。

既然你们付了钱买这本书，并可能花了8个小时阅读，我想请你们做一些功课，不用全部做，挑你们喜欢的项目即可，但是做的时候一定要诚实。

我在此做最后的叮咛：如果你能从下列各项检验中拿到100分以上，以这本书的标准，你就算是个杰出的经理人了。

- 试着将你工作中的操作分为编制流程、组装及测试三个步骤。【10分】
- 针对你手头开展的方案，找出限制步骤，并依此设计你的工作流程。【10分】

• 找出你工作中最适合进行验货、线上检验与最终检验的地方。决定这些检验应该采用“海关”还是“监视器”的方式。然后考虑在什么时机下，你可以升格至“随机检验”。【10 分】

• 找出至少 6 项以上的新产出指标，这些指标要能衡量产出的质与量。【10 分】

• 将这些新的指标变成工作中的例行事项，并在部门会议中定期审视。【20 分】

• 你现在正寻找的最重要的战略（行动计划）是什么？描述你面临的环境需求以及计划进度。如果计划能成功地执行，是否能将你或你的公司带到理想中的境界？【20 分】

• 简化你最烦琐、最耗时的工作，至少让原有的步骤减少 30%。【10 分】

• 找出什么是你真正的产出？你所管理的部门及影响力所及的部门的产出元素是什么？按重要顺序排列。【10 分】

• 亲自在公司中走动走动。然后，列出这次“出巡”中和你有关的事项。【10 分】

• 找一些借口让你一个月可以在公司内巡视一次。【10 分】

• 描述下一次你授权给下属时会如何督导。你将以

什么为标准？怎么做？督导的频率是怎样的？【10分】

• 列出你可以利用零碎时间进行的项目。【10分】

• 列出和每一个下属进行“一对一会议”的时间表。（在会议之前向他们解释会议的目的，并要求他们做准备。）【20分】

• 找出你上星期的日程表，将做的活动分为高、中、低杠杆率三类。设法多做一些高杠杆率的活动。（有哪些活动该减少或干脆不做？）【10分】

• 预测下周有哪些事要占用你的时间。有多少时间要花在开会上？其中有多少是过程导向会议？多少是任务导向会议？如果后者占去的时间超过25%，你该如何设法删减？【10分】

• 列出你的组织在未来三个月中最重要的三个目标，并一路验收成果。【20分】

• 在与下属充分讨论以上目标后，要他们也“照葫芦画瓢”制定他们的目标并一路验收。【20分】

• 写出“悬而未决”需做决策的事项。找出其中三项，试着运用决策制定过程的架构以及“六点问题”的方法来做出决策。【10分】

• 依据马斯洛的需求理论评估你自己的需求层次，并为下属找出他们所属的层次。【10分】

• 给下属勾画他们的跑道，并找出每一个人的绩效

指标。【20分】

• 列出你对下属各种形式的工作所给予的相关反馈。他们是否能借着这些反馈来测量自己的进度？【10分】

• 将你下属的工作成熟度分为低、中、高三类，并针对个人选出最适当的管理风格。然后在你的管理风格及最适当的管理风格之间做比较。【10分】

• 评估你上一次收到的或你对下属所做的绩效报告。这些报告对提高绩效有多大的影响？在上司告诉你报告内容或你告诉下属报告内容时，你们的沟通方式是怎样的？【20分】

• 如果有一份报告不够理想，重做。【10分】